BISMARCK

THE SCRIBNER GERMAN SERIES

General Editor, Harold von Hofe
University of Southern California

BISMARCK

WERNER HAAS
The Ohio State University

CHARLES SCRIBNER'S SONS · New York

PICTURE ACKNOWLEDGMENTS

Illustrations on pages ii-iii, 5, 16, 47, 96, 124, and 129 courtesy of the Picture Collection, New York Public Library.

Illustrations on pages 66, 107, 114, and 118 courtesy of Presse- und Informationsamt der Bundesregierung, Bonn.

Illustration on page 59 courtesy of the Scribner Art Files.

Copyright © 1973 Charles Scribner's Sons

This book published simultaneously in the United States of America and in Canada – Copyright under the Berne Convention

All rights reserved. No part of this book may be reproduced in any form without the permission of Charles Scribner's Sons.

A – 10.72 (C)

Printed in the United States of America
Library of Congress Catalog Card Number 72-743
SBN 684-12917-5 (paper)

PREFACE

Bismarck is the portrait of one of the most important statesmen of the 19th century. This graded reader links the learning of German to an appreciation of German history and life. Although the text is written in simple German, its content is presented from a critical and scholarly point of view. Except for some technical words belonging to the terminology of diplomacy, warfare, and politics, the vocabulary employed consists of high-frequency items. Syntax has been limited to basic grammatical structures. It should be possible to read this text as early as the second or third semester in college or the second and third year in high school.

Otto von Bismarck was a statesman who defies any standard political classification. He was neither a conservative nor a liberal; he was too democratic for the conservatives, too autocratic for the liberals, too obsessed with power for those who believed in the Constitution. He was a great practitioner of Realpolitik—a policy which sought the possible rather than the ideal. Over 6,200 books and articles have been written about Bismarck in less than a century. Few men have as many critics and admirers as this Jupiter among the statesmen of his century. He was an infallible genius and a national hero to some, a sinister and ruthless politician to others. Few, however, doubt his sincere belief in the dignity of the state and its place in civilized society. Three of his achievements are historical facts:

(1) the unification of most of Germany in the 19th century,
(2) the creation of a European security system whose breakdown after Bismarck's departure led to World War I, and
(3) the introduction of social legislation for the German worker.

As a person, Bismarck was indeed complex and controversial. He was a man of the highest intelligence, impeccable manners, great wit and imagination, but also a man who was not above hate, sinister manipulations, and intolerance; a man who could not conceive of living and functioning without power, a rare and gifted individual in whom one can find greatness and egoism combined.

Each chapter of the text is followed by questions and a variety of exercises. These exercises provide material for classroom work or written assignments and can also be used as a basis for a vocabulary review. Two kinds of help with vocabulary are provided: marginal glosses give the specific meanings of words in context and aid the student with idioms and sentence structure; a complete German-English end vocabulary gives general as well as specific meanings of words.

The author would like to express his sincere thanks to colleagues and students who have helped in the preparation of this book through their critical comments and valuable suggestions. He is especially indebted to Professors Paul Gottwald, Gisela Vitt, and Donald Riechel at the Ohio State University; to Professor Henry Remak at Indiana University; and to Mrs. Karin Allerdissen who helped with the preparation of the vocabulary. Much appreciation goes to Miss Sigrid Lanzrath of Inter Nationes in Bonn, Germany, for her help in securing illustrations for this book. The author is grateful to Inter Nationes for kindly giving him permission to use their material for illustrative purposes.

W. H.

INHALTSVERZEICHNIS

Preface   v
      VORWORT   viii
  I   KINDHEIT UND JUGEND   1
 II   EINTRITT IN DIE POLITIK   13
III   IN DER SCHULE DER DIPLOMATIE   21
IV   AN DER MACHT: DIE ERSTEN JAHRE   29
 V   VOM BRUDERKRIEG ZUR „EMSER DEPESCHE"   43
VI   DER LETZTE SCHRITT ZUR REICHSGRÜNDUNG:
      DER DEUTSCH-FRANZÖSISCHE KRIEG VON 1870/71   57
VII   DER KULTURKAMPF   71
VIII   BISMARCK UND DIE SOZIALISTEN   81
IX   DIPLOMATIE UND BÜNDNISSE   91
 X   INTERREGNUM   105
XI   DER ALTE KANZLER UND DER JUNGE KAISER   112
XII   DIE LETZTEN JAHRE   122
Zeittafel über Bismarcks Leben und Wirken   133
Wörterverzeichnis   135

VORWORT

Es war im Jahre 1833. Zwei junge Studenten der Universität Göttingen, ein Deutscher und ein Amerikaner, sprachen über Deutschlands Zukunft.° „In 20 oder 25 Jahren wird Deutschland vereint° sein", meinte der Deutsche. „Das glaube ich nicht", antwortete der Amerikaner. „Du weißt doch, wie es um Deutschland steht:° Viele Länder, viele Herrscher,° viele Interessen – wer soll Deutschland vereinen?" „Du wirst sehen, ich habe recht", erwiderte der junge Deutsche. „Wollen wir wetten° – um 25 Flaschen Champagner?"

Wer hat diese Wette etwas verspätet° gewonnen? In den Geschichtsbüchern steht: 1871 – Krönung Wilhelms I. zum Deutschen Kaiser°. Und wer war der junge Student gewesen, der damals gewettet hatte? Er hieß Otto von Bismarck.

Otto von Bismarck – die Welt kennt ihn als den „Eisernen Kanzler", den Gründer° des Deutschen Reiches im 19. Jahrhundert. „Eisen und Blut, nicht

future
united

wie... how things stand with / rulers

bet
delayed

emperor

founder

Reden entscheiden° die großen Fragen der Zeit."¹ Ja, das hat er einmal gesagt. Diese Worte von „Eisen und Blut" hat man nie vergessen; sie machten ihn berühmt und berüchtigt.° Gewiß, diese Worte gehören° auch zum Bismarckbild der Geschichte, aber sie sagen sehr wenig über diesen so bedeutenden° und so komplizierten Menschen.

Man hat viel über diesen großen Staatsmann geschrieben. Er war schon zu seiner Zeit eine Art° Legende, aber eine umstrittene° Legende. Die Zahl seiner Freunde und Feinde war immer groß. Für die einen war er ein deutscher Held, für die anderen ein deutscher Bösewicht.° Man hob ihn in den Himmel° oder man wünschte ihn in die Hölle. Ignorieren konnte man ihn nicht, denn er machte Geschichte.

Bismarck gelang,° was vielen Kaisern und Königen vor ihm nicht gelungen war: Er schuf° ein vereintes Deutschland. Jahrhundertelang war ein solches Reich nur ein Traum, ein Wunsch gewesen; man konnte ihn nicht verwirklichen.° Andere träumten davon, Bismarck handelte.° Einsam° und oft unverstanden ging er seinen Weg. Ob man ihn liebte oder haßte, bedeutete° ihm wenig. Er sah nur sein Ziel°, und das hieß: ein Deutsches Reich gründen und dessen Zukunft schützen.° Dieser Aufgabe widmete° er sein Leben.

decide

notorious / belong

important

a kind of
controversial

villain / **hob**...
praised him to the
skies

succeeded, achieved
created

accomplish
acted / all by himself

meant / goal

to protect / devoted

---

¹ Bismarck used the phrase "Eisen und Blut" on several occasions. It has been misinterpreted frequently. One of the poets of the Wars of Liberation, Maximilian von Schenkendorf, used the terms earlier in the 11th stanza of his poem "Das eiserne Kreuz" (1813). The (Christian) cross was of iron because times were hard and one could not afford a precious metal. The association of the phrase with arms and weapons must also have been present from the beginning.

I
KINDHEIT UND JUGEND

In der weiten und offenen Landschaft der Altmark Brandenburg¹ liegt Schloß Schönhausen. Hier an dem Ufer° der Elbe war das Geschlecht° der Bismarcks schon lange zu Hause. Sogar schon länger als die Dynastie der Hohenzollern, die Brandenburg regierte.°   5

Am 1. April 1815 wurde Otto von Bismarck auf Schloß Schönhausen geboren. Er war das vierte Kind des Rittmeisters° Ferdinand von Bismarck und dessen Frau Wilhelmine, das Kind sehr verschiedener Menschen. Ottos Vater, ein Offizier im Ruhestand,° war   10 ein fröhlicher, warmer Mensch mit wenig Energie und wenig geistigen° Interessen. Ferdinand von Bismarck gefiel das freie Leben des Gutsbesitzers° besser als das Leben in der Armee. Von ihm erbte° Otto die Liebe zum Landleben, die Lust zum Reiten und Jagen.°   15

bank / dynasty

ruled

captain (of cavalry)

retirement

intellectual
landowner
inherited
hunting

¹ die Altmark Brandenburg: A Prussian province, ruled by the Hohenzollern family since the 15th century.

KINDHEIT UND JUGEND   1

Ottos Mutter, 18 Jahre jünger als sein Vater, war eine
ehrgeizige° Frau mit scharfem Verstand. Sie kam aus
dem Bürgerstand;° ihre Vorfahren waren Geistliche,°
Gelehrte und Staatsbeamte° gewesen. Sie hatte große
Pläne für ihre Kinder, sie wollte sie vor allem zu „ge-
bildeten° Menschen" erziehen.°
    Als Otto acht Monate alt war, übersiedelten° seine
Eltern auf ihr Gut° Kniephof in Pommern. Noch als
alter Mann sprach Bismarck gern von seinem Kinderparadies Kniephof. Den herrlichen Park mit seinen
alten Linden und Eichen° hatte er nie vergessen. Seine
Liebe zum weiten, offenen Land und vor allem zum
Wald stammt aus seiner Kindheit. „Wer an Gott nicht
glaubt, soll sich für zwei Stunden allein in einen Wald
setzen",° sagte er einmal.
    Nur sechs Jahre durfte Otto in seinem Kinderpara-
dies bleiben. Dann mußte er auf Wunsch seiner Mutter
in Berlin zur Schule gehen. Auf dem Kniephof kann
Otto nicht die richtige Bildung bekommen, dachte
seine ehrgeizige Mutter. Hauslehrer, wie andere
Junker[2] sie für ihre Kinder hatten, waren ihr nicht gut
genug. Sie dachte nur an seine Bildung und Zukunft;
Otto dachte an seine Bäume und Felder, von denen er
Abschied nehmen° mußte. Als ihn sein Vater zur
Postkutsche° fuhr, hatte der kleine Otto Tränen in den
Augen. Seine Mutter war stolz° auf diesen ersten
Schritt° in der Karriere ihres Sohnes. „Sie wollte, daß
ich viel lernen und viel werden sollte", erklärte Bis-
marck später seiner Braut.°
    Die nächsten fünf Jahre verbrachte° Otto in der
Plamannschen Erziehungsanstalt° in Berlin. Die Ideale

---

[2] Junker: The Junkers were the noble landowning class of Prussia. Many Junkers served as officers in the army or as administrators in the civil service and were known for their extreme loyalty to the Hohenzollern dynasty. They had almost unlimited control over the peasants living on their estates.

des Turnvaters Jahn[3] und des Schweizer Pädagogen Pestalozzi[4] waren einst das Motto dieser Schule gewesen: „Frisch, frank, fröhlich, frei" und „allseitige° Bildung des Geistes und des Herzens." Als Otto dort zur Schule ging, spürte° man von diesen Idealen nur mehr wenig. Otto bekam starkes Heimweh,° aber seine Mutter hatte nicht viel Verständnis dafür. Manchmal mußte er sogar die Sommerferien° in dieser Schule verbringen, wenn seine Mutter ihre Kur° machte. Das hat ihr Otto nie verziehen.°

Als er zwölf Jahre alt war, trat Otto in das Gymnasium zum „Grauen Kloster" in Berlin ein.° (Bismarck fand diesen Namen sehr passend°.) Der junge Bismarck war ein guter Schüler, dem das Lernen leicht fiel.° Einer seiner Mitschüler erzählte: „Nie sah ich ihn arbeiten, oft spazieren gehen, und doch wußte er immer alles und hatte immer seine Arbeiten fertig." Das stimmte,° aber Otto war auch im Gymnasium nicht glücklich.

Für seine humanistische Bildung, die ihm das Gymnasium gab, war Bismarck später dankbar. Aber er haßte den Zwang° der Schule, und er begann über das Problem der Autorität nachzudenken. Warum muß ich der Schule, der Kirche, dem Staat gehorchen?° Warum darf der König Soldaten in den Krieg schicken, auch wenn sie nicht wollen? Solche Fragen stellte der Sohn eines preußischen Junkers. Der Sohn eines Hauses, in dem man den Sinn° und den Wert der Autorität nicht bezweifelte.°

Doch solche Gedanken blieben für den Gymnasiasten

---

[3] Friedrich Ludwig Jahn (1778–1852): A German teacher who was active in efforts to free Germany from Napoleonic rule. He became known as the "father of gymnastics" since he organized the first gymnastics associations which in turn became centers for German nationalism.
[4] Johann Heinrich Pestalozzi (1746–1827): Swiss educator who emphasized the individual education of each child and the educational value of work.

Bismarck Theorie. „Meine geschichtlichen Sympathien blieben auf seiten der Autorität", schrieb er später in seinem Buch *Gedanken und Erinnerungen*.° Wilhelm Tell blieb für ihn ein Rebell und Mörder, kein Freiheitsheld.

1832 kam Bismarck als Student nach Göttingen. An dieser Universität studierten damals viele junge Adelige° aus allen Teilen Deutschlands, aber auch reiche Ausländer,° insbesondere Amerikaner. Hier fühlte sich der Siebzehnjährige, der auch seine Dogge° Ariel mitgebracht hatte, erstmals frei. „Da habe ich wie ein junges Füllen° nach hinten und vorn ausgeschlagen",° sagte er später. Von seiner neuen Freiheit machte er viel Gebrauch. Er hatte 25 Mensuren° im ersten Semester, er trank gern und er machte Schulden.° Auch für die jungen Damen interessierte sich der große, schlanke Junkerssohn; und die Damen interessierten sich für ihn. Mit dem Universitätsrichter und dem Karzer° machte er oft Bekanntschaft. Einmal wegen des „Auswerfens einer Bouteille (Flasche) auf die Straße"; ein andermal wegen Rauchens° auf der Straße, das bis 1848 in Göttingen verboten war. Aber auch Teilnahme° an Duellen und Beleidigungen° gehörten zu seinen Vergehen. „Warum haben Sie Ihren Kommilitonen° einen ‚dummen Jungen' genannt?" fragte ihn der Richter. „Sie wissen doch, daß dies eine Beleidigung ist." „Ich wollte ihn gar nicht beleidigen", antwortete Bismarck. „Ich wollte nur meine Überzeugung° aussprechen." Und dann zahlte er seine Strafe.°

An den juristischen° Studien, für die man ihn nach Göttingen geschickt hatte, fand er wenig Interesse. „Was studierst du eigentlich wirklich?" fragte ihn einmal ein Student. „Diplomatie" war Bismarcks kurze und klare Antwort. Und als sein Freund Scharlach im Scherze° meinte: „Du wirst ein zweiter

Talleyrand[5] oder Metternich", [6] sah Bismarck darin keinen Scherz. Er sagte nur: „Weißt du, Scharlach, ich werde entweder der größte Lump° oder der erste Mann Preußens."

scoundrel

Bismarck als Student in Berlin

Drei Semester verbrachte Bismarck in Göttingen; dann folgten drei weitere in Berlin. Sein Interesse an der Jurisprudenz wurde auch dort nicht größer. Doch

---

[5] Fürst Talleyrand (1754–1838): This French statesman served as a bishop under Louis XVI, as foreign minister during the Napoleonic era, and again as France's representative at the Congress of Vienna in 1814/15. Known for his skills and intrigues as a diplomat, he was given the nickname "The Fox."

[6] Klemens Fürst von Metternich (1773–1859): Austrian statesman who was instrumental in shaping a conservative European policy from the Congress of Vienna until the Revolution of 1848.

Berlin hatte ihm anderes zu bieten:° Er besuchte oft die Oper, er verkehrte° in vornehmer Gesellschaft° und er sprach viel Französisch und Englisch. Dort wurde er zum Weltmann, und das gefiel ihm. In Berlin schloß er auch Freundschaften° fürs Leben. Zu seinen engsten° Freunden gehörten der Amerikaner Motley und der baltische Graf Alexander Keyserling. Mit ihnen diskutierte er über Gott, die Welt und das Leben. Sie lasen die Dramen Shakespeares, sie spielten Schach° und hörten gute Musik. 30 Jahre später schrieb Motley aus Wien, als er dort amerikanischer Botschafter° war:

  When shall we three meet again,
  in thunder, lightning, or in rain?[7]

Bismarck teilte die Wehmut,° die aus diesen Worten Shakespeares klang.°

 Im Mai des Jahres 1835 schloß Bismarck sein Studium mit gutem Erfolg —aber wenig Freude—ab.° Er wollte Diplomat werden, aber es gab keine Stelle für ihn. So mußte er sich mit einer Referendarstelle° beim Kammergericht in Berlin zufrieden geben. Dort schrieb er Protokoll° bei Prozessen.° Er fühlte sich wie ein Beamter an einem Eisenbahnschalter.° Er hatte wenig Gutes über seinen neuen Beruf zu sagen. Sein Wunsch, aufs Land zurückzukehren, wurde immer stärker. In Aachen,[8] wohin man ihn versetzte,° gefiel es ihm schon besser. In dieser eleganten Stadt spielte er nicht ungern° die Rolle des „Salonlöwen".° Man konnte ihn auf den Promenaden, in den besten Restaurants, im Spielkasino und im Theater finden. Auch an

---

[7] Question posed by the three witches in *Macbeth*.
[8] Aachen: German city in the state of Nordrhein-Westfalen. It was the center of Charlemagne's empire and the city in which all German kings were crowned between the tenth and the sixteenth century.

Liebesaffären fehlte° es dem jungen Adeligen nicht. Zwei Engländerinnen hatten es ihm angetan.° Zuerst verlobte er sich° fast mit Laura Russell, der Enkelin des Duke of Cleveland; einige Monate später verlobte er sich wirklich mit Isabella Loraine aus Lancaster. Für diese Abenteuer° nahm er sich monatelang unerlaubten Urlaub.° Er reiste viel herum und verlor 17 000 Taler im Spielkasino von Wiesbaden. Bismarck urteilte° später hart über diese Periode seines Lebens.

Ohne Geld und ohne Braut kehrte er schließlich in sein Elternhaus zurück.° In Aachen war man an seinen Diensten nicht mehr interessiert. Seine Eltern überredeten° ihn, es noch einmal mit dem Staatsdienst zu versuchen. In Potsdam konnte er wieder eine Stelle° als Referendar finden. Ein Vorgesetzter° erkannte schon damals das Talent des jungen Junkers, als er sagte: „Wenn es dem Herrn von Bismarck gelingt, seine persönliche Faulheit° zu überwinden,° dann ist er zu allen hohen Staatsämtern fähig."°

Wenige Monate später wurde Bismarck Soldat. In der Armee gefiel es ihm auch nicht. Als im Jahre 1839 seine Mutter starb, nahm er aus dem Staatsdienst seinen Abschied. Er wußte, daß man ihn nun zu Hause brauchte. Mit 24 Jahren übernahm° er den Kniephof und wurde Landwirt.°

Acht Jahre blieb Bismarck Landwirt. Er verwaltete° zuerst den Kniephof gemeinsam° mit seinem Bruder Bernhard, später allein. Bismarck war ein guter und geachteter° Gutsherr. Er interessierte sich für die Landwirtschaft° und studierte landwirtschaftliche Werke. Mit seinen Leuten hatte er ein gutes Verhältnis.° Er wußte auch mit den einfachsten unter ihnen zu reden und war allen gegenüber höflich und taktvoll. Standesdünkel° gab es auf seinem Gut nicht. Als einmal einer seiner Reitknechte° ins Wasser stürzte,° sprang ihm Bismarck nach und rettete° ihm das Leben. Noch als

KINDHEIT UND JUGEND   7

alter Mann war er auf die Rettungsmedaille stolz, die
er dafür erhielt.° — received

Bismarck fühlte sich auf dem Land zu Hause. „Auf
dem Lande dachte ich zu leben und zu sterben",
schrieb er über diese Zeit. Aber echte Befriedigung° — satisfaction
konnte er dort nicht finden. Es fehlte ihm eine große
berufliche° Aufgabe und die Frau fürs Leben. — professional

1843 lernte er Maria von Thadden, die Tochter
eines Nachbarn, kennen. Maria war Pietistin,[9] sehr
religiös, aber lebensfroh.° Das große, schöne Mädchen — able to enjoy life
mit den herrlichen Augen wurde die große Leidenschaft° Bismarcks — aber nicht seine Frau. Als er sie — great passion
kennenlernte, war sie schon mit einem Schulfreund,
Moritz von Blankenburg, verlobt. Er durfte nur ihr
Freund sein — und nichts mehr. „Ich kann ihm wohl
vertrauen,° denn ich bin ihm heilig", schrieb sie an — trust
eine Freundin. Das innige° Verhältnis zwischen ihnen — tender
verlangte von beiden viel Selbstbeherrschung.° Maria — self-control
gab Bismarck etwas zurück, was er seit seiner Kindheit
verloren hatte: den Glauben an Gott, ein persönliches
Verhältnis zur Religion. Nur wenige Jahre dauerte
diese tiefste Freundschaft seines Lebens. Im Herbst
1846 starb Maria an einer Gehirnentzündung.° Nie — brain fever
wieder hat ihn ein Tod so erschüttert,° wie der seiner — deeply moved
Freundin. „Dies ist das erste Herz, das ich verliere, von
dem ich weiß, daß es wirklich warm für mich schlug",° — beat
sagte Bismarck von ihr.

Ein heimlicher° Wunsch Marias erfüllte sich ein — secret
Jahr nach ihrem Tod. Bismarck heiratete° ihre — married
Freundin Johanna von Puttkamer. Bismarck hatte sie
auf Marias Hochzeit° kennengelernt. Die schlanke, — wedding
dunkle Johanna hatte mit Maria vieles gemeinsam.° — **hatte gemeinsam** had in common
Sie war auch Junkerstochter und Pietistin. Und, wie

---

[9] Pietismus: A movement in the Lutheran Church which was started in the 17th century. It emphasized the need of Bible study and a religion of the heart.

Maria, war auch sie um Bismarcks Glauben an Gott besorgt.° Es war eine Liebe, die nur langsam wuchs;° es wurde eine Ehe,° die Bismarck fast ein halbes Jahrhundert häusliches Glück schenkte. Die Politik blieb Johanna immer fremd;° aber sie stärkte den Glauben ihres Mannes an Gott und die Menschen. Sie war und blieb sein „stiller Hafen° in den Stürmen des Weltmeeres". Dankbar schrieb er später einmal an seine Frau: „Du bist mein Anker an der guten Seite des Lebens, reißt der,[10] so sei Gott meiner Seele gnädig."°

<small>concerned / grew
marriage
5 alien
port
10
merciful</small>

[10] Du bist mein Anker ..., reißt der ...: "You are my anchor ...; if this one comes loose ..."

EXERCISES

I. Replace the italic word or words with the new words suggested by the English cues.

Example: Das hat er einmal *gesagt*. (heard / written)
Das hat er einmal gehört.
Das hat er einmal geschrieben.

1. Bismarck gefiel *das freie Leben*. (the beautiful girl / the university / the old estate)
2. Bismarck war ein *guter Schüler*. (a famous man / a good farmer)
3. Er *trank* gern. (read / studied / played)
4. Er besuchte oft *die Oper*. (the house / his friends / the restaurants)
5. Auf dem Lande dachte er *zu leben*. (to work / to write / to remain)
6. Er dachte an *seine Bäume*. (his parents / his father / her wish)
7. Den *herrlichen* Park hatte er nie vergessen. (beautiful / old / large)
8. Er konnte *wieder* eine Stelle finden. (quickly / not easily / soon)

KINDHEIT UND JUGEND

9. Er *wußte*, daß man ihn zu Hause brauchte. (hoped / thought / believed)
10. Er sprach viel *Französisch*. (German / English)

II. Practice the pronunciation of these words in short sentences, using the verbs given in parentheses. Note that most of the words are of foreign origin and that the accent is often not on the root syllable, as it is in most German words.

Example: Kein Interęsse (zeigen für / haben an)
Er zeigte kein Interesse für Politik.
Er hatte Interesse an Politik.

1. die Universität (kennen / studieren an + dat.)
2. den Champągner (trinken / kaufen)
3. die Legęnde (hören / erzählen)
4. die Dynastię (leben / regieren)
5. die Energię (brauchen / haben)
6. das Ideąl (verwirklichen / haben)
7. das Gymnąsium (ein-treten in / besuchen)
8. die Theorię (verstehen / studieren)
9. die Autorität (haben / brauchen)
10. (die) Jurisprudęnz (studieren / lehren)
11. die Promenąde (spazieren auf + dat.)
12. das Restaurąnt (besuchen / essen in + dat.)
13. (der) Referendąr (werden / arbeiten als)
14. eine Pietįstin (sein / heiraten)

III. (a) Ask a question pertaining to each topic. Use the cue words in parentheses and put the verb in the tense indicated.

Example: Die Wette zwischen Bismarck und dem Amerikaner
(Deutschland / wollen / vereinigen / wer?)
present perfect
Wer hat Deutschland vereinigen wollen?

1. „Eisen und Blut" (sprechen von / einmal / wer?) past perfect
2. Der Kniephof (lieben / Bismarck / warum?) present perfect

3. Bismarcks Eltern (sein / verschieden / wie?) past
4. Das Gymnasium zum „Grauen Kloster" (gehen / er / Gymnasium / wo?) past
5. Bismarck in Göttingen (leben / damals / wie?) past perfect
6. Bismarck als Landwirt (verwalten / Kniephof / mit wem?) past
7. Bismarcks Heirat (heiraten / im Jahre 1849 / wen?) past
8. Maria von Thaddens Tod (sterben / Maria / wann?) present perfect

(b) Answer each of the questions that you made up in (a).

IV. (a) Put as many words as you can into the plural:

Example: Er spricht über den Amerikaner.
Sie sprechen über die Amerikaner.

1. Er sah nur das Ziel.
2. Ich sollte viel lernen.
3. Er war ein guter Schüler.
4. Ich wollte ihn nicht beleidigen.
5. Dann zahlte er seine Strafe.

(b) Put as many words as you can into the singular:

1. Sie übersiedelten auf die Güter.
2. Viele Adelige studierten an diesen Universitäten.
3. Sie lasen Shakespeares Dramen.
4. Wir wollen mit ihnen wetten.
5. Sie hatten große Pläne für die Kinder.

V. Replace the indicated words with a pronoun.

Example: Man hat viel über *diesen Staatsmann* geschrieben.
Man hat viel über ihn geschrieben.

1. Wer hat *diese Wette* gewonnen?
2. Bismarck gefiel *das freie Leben*.
3. Er dachte an *seine Bäume und Felder*.
4. *Der König* darf *Soldaten* in den Krieg schicken.
5. An *den juristischen Studien* hatte er wenig Interesse.

II
EINTRITT° IN DIE POLITIK   _{entry}

    Preußen war in den Vierziger Jahren des 19. Jahrhunderts fast eine absolute Monarchie. Es gab noch keine Verfassung° und keine Volksvertretung.° Im Februar 1847 versammelte Friedrich Wilhelm IV. die Vertreter der preußischen Stände° im „Vereinigten Landtag". War das ein Schritt zu einem echten Parlament? Wohl kaum,° denn Friedrich Wilhelm IV. war kein liberaler König. Er glaubte an das Königtum von „Gottes Gnaden"° und an den christlichen Ständestaat. Aber er brauchte den Landtag,° um eine Eisenbahn von Berlin nach Königsberg zu finanzieren. Die Liberalen sahen ihre Chance. Der König sollte seine Anleihe° nur bekommen, wenn er bereit war, eine Verfassung für Preußen zu bewilligen.° Der preußische König hatte schon 1813, also zur Zeit des Befreiungskrieges gegen Napoleon, eine Verfassung versprochen. Nun war es Zeit, sie zu bekommen, sagten die Liberalen.

^{constitution / parliament}
^{5 estates}
^{hardly}
^{by the Grace of God}
^{10 legislature}
^{loan}
^{grant}
¹⁵

Bismarck, der einen erkrankten Abgeordneten° vertrat,° machte in diesem Landtag sein politisches Debüt. Er dachte anders über das Thema „Verfassung": Nicht das Versprechen einer Verfassung, sondern die nationale Ehre° des Volkes führte damals Preußen in den Krieg gegen Napoleon, erklärte° er dem Landtag. Die Liberalen unterbrachen ihn mit lauten Zwischenrufen,° als sie dies hörten. Was tat Bismarck? Er drehte° der Versammlung den Rücken, zog° eine Zeitung aus der Tasche und begann zu lesen. Als es im Saal° wieder ruhig geworden war, sprach er weiter. Von diesem Tag an kannte man den Junker aus Ostelbien.[1]

   Bismarck sprach noch öfters im Vereinigten Landtag. Er ließ alle wissen, wie er dachte: Der Staat war ihm wichtiger als jede Partei. Und der König vertrat den Staat. Daß ihn viele als reaktionär bezeichneten,° störte ihn nicht. Er sagte immer, was er dachte. Viele Freunde gewann er damit nicht, wohl aber Respekt.

   Nach der Auflösung° des Landtages — er tagte° nur drei Monate — lebte Bismarck wieder still mit seiner jungen Frau auf Gut Schönhausen. Dort hörte man wenig von der großen Politik. Dort glaubte man an den Status quo und bewahrte° ihn. Umso größer war die Aufregung,° als man zu Beginn des Jahres 1848 von den Revolutionen in Frankreich, in Wien und schließlich in Berlin hörte. Überall schienen° die Revolutionäre zu siegen, überall erfüllten die Regierungen ihre Forderungen° nach Verfassungen, Volksvertretungen und Pressefreiheit. Als Bismarck und andere Junker hörten, daß auch Friedrich Wilhelm IV. die Forderungen der Revolutionäre erfüllt hatte,

---

[1] Ostelbien: Name for the Prussian provinces east of the Elbe river, including the province of Mecklenburg.

waren sie entsetzt.° Es fiel ihnen nicht leicht,° jetzt noch Respekt vor dem König zu haben. Und was hatte ihr König den Revolutionären noch versprochen? „Preußen soll in Deutschland aufgehen."°

Das war den preußisch denkenden Junkern zuviel. Bismarck dachte an Gegenrevolution und wollte den König aus den Händen der Revolutionäre befreien.° Sofort fuhr er nach Berlin, um einen Coup d'Etat zu organisieren. Er konnte nur mit der Frau des Thronerben,° mit der Prinzessin Augusta, verhandeln.° Augustas Mann war der Bruder Friedrich Wilhelms IV., der spätere König und Kaiser Wilhelm I. Augusta sah in Bismarck einen politischen Hitzkopf° und war nicht bereit, ihm zu helfen. An diesem Tag begann eine politische Feindschaft° zwischen diesen beiden Menschen, die viele Jahrzehnte dauern° sollte.

Zornig° und enttäuscht° fuhr Bismarck nach Schönhausen zurück. Der König hatte sich gedemütigt;° das konnte ihm Bismarck nicht verzeihen. „Gibt es noch Recht und Ordnung?" fragte er sich. Es gab damals eine Anekdote über die Ereignisse° des Jahres 1848: Eine Frau fragt ihren Mann, der von einer Versammlung nach Hause kommt: „Ist jetzt Freiheit oder ist noch Ordnung?" Für Bismarck war dies kein Witz,° sondern bitterer Ernst.

Bald erkannte° Bismarck, daß er zu pessimistisch geurteilt hatte. Das Feuer der Revolution brannte nicht lange. Als Abgeordneter im neuen Landtag half er, es schnell zu löschen.° Er tat sein Bestes, ein guter Gegenrevolutionär zu sein. Er hielt Preußen für° stark genug, die Revolution in ganz Deutschland zum Stehen zu bringen.

Mit Freude sah er, daß die Nationalversammlung° in Frankfurt nicht ihr Ziel erreichte. Vertreter aus allen deutschen Staaten wollten dort eine Verfassung für ein vereintes Deutschland schaffen. Als Preuße

EINTRITT IN DIE POLITIK   15

Der Landtagsabgeordnete Bismarck

wollte er kein gesamtdeutsches° Parlament, in dem   all-German
man Preußen überstimmen° konnte. Als Deutscher sah   outvote
er im preußischen Königtum ein besseres Mittel für
eine deutsche Einigung° als in dieser Nationalversamm-   unification
lung. Als Politiker glaubte er nicht an eine „konsti-   5
tuierte Anarchie", wie er das Parlament in Frankfurt
nannte.

Aus einem starken Preußen sollte ein Deutsches Reich entstehen° — für diese Idee wollte Bismarck von nun arbeiten. 1849 übersiedelte er nach Berlin, nachdem er seine Güter verpachtet° hatte. Seine Karriere als Politiker hatte begonnen.

Friedrich Wilhelm IV. sah einen anderen Weg zur deutschen Einigung: ein Bündnis° zwischen Preußen, Sachsen und Hannover. Im März 1850 schuf er auf Rat° seines Ministers Radowitz die „Deutsche Union", die in Erfurt ihr Parlament hatte. Nun gab es zwei Staatenbünde° in Deutschland: den „Deutschen Bund" und die „Deutsche Union". Im „Bund" dominierte Österreich, in der „Union" sollte Preußen dasselbe° tun. Bismarck hatte wenig Freude an der „Union", die er ein „totgeborenes° Kind" nannte. Er wußte, daß dieser neue Staatenbund zu einem Konflikt mit Österreich führen würde. Zu einem Konflikt, für den weder Preußen noch sein König bereit° war.

Der Konflikt kam sehr bald. Als der Kurfürst° von Hessen in einem Verfassungsstreit° Österreich um Hilfe bat, marschierten sowohl preußische als auch österreichische Truppen in Hessen ein. Sollte der Kampf um die deutsche Vorherrschaft° hier beginnen? Der russische Zar ließ Preußen wissen, daß er auf seiten Österreichs stand. Der preußische König mußte zwischen nationalem Prestige und Frieden° wählen. Er entschloß sich° schweren Herzens für den Frieden. Die „Union" war es nicht wert,° die Existenz Preußens zu riskieren. Im Vertrag von Olmütz mußte Preußen das Erfurter Parlament und die „Union" auflösen.° Bismarck verteidigte° in einer großen Rede diese „Demütigung von Olmütz": ... „Es ist eines großen Staates nicht würdig, für eine Sache zu streiten,° die nicht seinem eigenen Interesse angehört", erklärte er. Er sprach über die unnötigen Opfer° eines solchen Krieges, über verbrannte° Städte und Dörfer, über

EINTRITT IN DIE POLITIK 17

hunderttausend Leichen° und hundert Millionen Schulden. „Werden Sie den Mut haben ... zu sagen: Ihr habt viel gelitten,° aber freut euch mit uns, die Unionsverfassung ist gerettet?" fragte er seine Zuhörer. Das war nicht mehr die Stimme° des hitzköpfigen Junkers vom März 1848; hier sprach bereits der Realpolitiker kommender Jahrzehnte.

dead bodies

suffered

5 voice

EXERCISES

I. Complete the sentences:
1. Der König vertrat ... (the state / the people / the federation of states)
2. Er brauchte den Landtag, um ... (to finance a railroad / to get help / to defend the state)
3. Nun war es Zeit, ... (to get it / to create an assembly / to speak with the king / to help him)
4. Wohl kaum, denn ... (he was a liberal king / he was not a strong king / he saw his chance)
5. Dort hörte man wenig ... (of politics / of the king / of the war / of the revolution)
6. Sie war nicht bereit, ... (to help him / to see him / to talk to him / to listen)
7. Es begann eine Feindschaft, die ... (lasted long / he did not want / endangered the peace / was not in his interest)
8. Er konnte ihm nicht verzeihen, daß ... (he did not fight / he had not come back)
9. Zu einem Konflikt ... (neither Prussia nor his king was ready / neither it nor he was ready)
10. Ihr habt viel gelitten, aber ... (you have won / you are free)

II. (a) Put these sentences into the present tense:
1. Die Liberalen sahen ihre Chance.
2. Der König hatte eine Verfassung versprochen.

3. Sie unterbrachen ihn.
4. Er sprach weiter.
5. Von diesem Tag an kannte man ihn.
6. Es fiel ihnen nicht leicht.
7. An diesem Tag begann eine Feindschaft.
8. Dafür wollte er nun arbeiten.
9. Die Truppen marschierten ein.
10. Er fragte seine Zuhörer.

(b) Put the same sentences into the present perfect:
1. Die Liberalen haben ihre Chance ——————.
2. Der König —————— eine Verfassung ——————.
3. Sie haben ihn ——————.
4. Er —————— weiter ——————.
5. Von diesem Tag an —————— man ihn ——————.
6. Es ist ihnen nicht leicht ——————.
7. An diesem Tag —————— eine Feindschaft ——————.
8. Dafür —————— er nun ——————.
9. Die Truppen sind ——————.
10. Er —————— seine Zuhörer ——————.

III. Reply to each question by using the cue words in your answer.

    Example: Warum versammelte Friedrich Wilhelm IV. den Vereinigten Landtag? (Eisenbahn / finanzieren)
    Er wollte eine Eisenbahn finanzieren.
    or: **Er brauchte Geld, um eine Eisenbahn zu finanzieren.**

1. Was tat Bismarck, als man ihn unterbrach? (lesen / Zeitung)
2. Wann sprach er weiter? (als / im Saal / ruhig werden)
3. Woran glaubte man auf Gut Schönhausen? (Status quo)
4. Was fiel den Junkern 1848 schwer? (König / Respekt zu haben)
5. Wofür hielt Bismarck Preußen stark genug? (Revolution / zum Stehen zu bringen)
6. Warum half ihm die Prinzessin nicht? (halten für / Hitzkopf)

7. Was tat Bismarck mit seinen Gütern, als er nach Berlin übersiedelte? (verpachten)
8. Wozu führte die „Union"? (Konflikt)

IV. Give the opposite of the underlined word.
   Example: Er war ein *liberaler* König.
   Er war ein konservativer König.
1. Es war im Saal *ruhig* geworden.
2. Dort hörte man *wenig* über Politik.
3. Es fiel ihnen nicht *leicht*.
4. Er war sehr *pessimistisch*.
5. Er hielt Preußen für *stark*.

V. Change the sentences into questions:
   Example: Es gab noch keine Verfassung.
   Gab es noch keine Verfassung?
1. Die Liberalen unterbrachen ihn.
2. Das war den Junkern zuviel.
3. Sie war nicht bereit, ihm zu helfen.
4. Er wollte den König aus den Händen der Revolutionäre befreien.
5. Im Vertrag von Olmütz mußte Preußen die „Union" auflösen.
6. Aber er brauchte den Landtag.

III
IN DER SCHULE DER DIPLOMATIE

„Ich bin nicht der Erste in Deutschland, ich bin nicht der Dritte, ich bin der Zweite. Österreich steht obenan,° und dann komme ich." So sah der preußische König Friedrich Wilhelm IV. seine und Preußens Rolle kurz vor der Revolution von 1848. So sah auch Österreich die Lage nach „Olmütz", das für Preußen eine schwere diplomatische Niederlage° gewesen war. Der Deutsche Bund, in dem Österreich den Vorsitz führte,° wurde wieder der Mittelpunkt der deutschen Politik. Der neue Gesandte,° den der preußische König im Jahre 1851 zum Deutschen Bund nach Frankfurt schickte, dachte anders darüber; aber er war klug genug, noch nicht darüber zu sprechen.

Der neue Gesandte war Otto von Bismarck. Bismarcks Ernennung° war eine große Überraschung.° Zum ersten Mal in der preußischen Geschichte bekam ein Parlamentarier einen so wichtigen diplomatischen Posten. Bismarck sah seine große Chance; er durfte

° at the top

5

° defeat
° den... presided

10 envoy

15 appointment / surprise

endlich sein, was er sich schon als Student gewünscht hatte: Diplomat. „Sie haben viel Mut, ein Ihnen fremdes Amt anzunehmen",° sagte der König bei seiner Ernennung. „Ich habe den Mut zu gehorchen, wenn Eure Majestät den Mut haben zu befehlen",° erwiderte° Bismarck.

Bismarck ging nicht ungern nach Frankfurt. Die freie Stadtrepublik am Main hatte ihm viel zu bieten:° eine wichtige berufliche Aufgabe, das Leben in der „großen Gesellschaft" einer eleganten Stadt und 20 000 Taler Gehalt.° Er lebte sich dort schnell ein und fühlte sich „gesund wie ein Löwe". Er tat auch etwas für seine Gesundheit. Nach der Arbeit ritt° er fast täglich durch den Frankfurter Stadtwald und schwamm oft im Main oder im Rhein.

Seine Frau Johanna trennte sich° sehr schwer von ihrem geliebten Pommern. Aber auch sie fühlte sich bald in Frankfurt zu Hause. Das Haus Bismarck wurde schnell ein Mittelpunkt des gesellschaftlichen Lebens dieser Stadt. Künstler,° Schriftsteller,° Diplomaten und ihre Familien kamen oft und gern. Sie erfreuten sich an dem Witz, dem Geist° und der menschlichen Wärme, die in diesem Haus herrschte. Bismarcks amerikanischer Freund Motley, der ihn in Frankfurt besuchte, schrieb: „Die Bismarcks sind so lieb wie immer, es gibt nichts offeneres und herzlicheres als sie ... In ihrem Haus kann jeder tun, was er will. Hier ist alles beieinander, Jung und Alt, Großeltern (Puttkamer), Kinder und Hunde;° da wird gegessen, getrunken, geraucht, Klavier° gespielt und Pistole geschossen (im Garten) — alles zu gleicher Zeit."

Viele Jahre später schrieb Johanna über die Zeit in Frankfurt: „O wie wunderbar waren doch die acht Frankfurter Jahre — die schönsten Jahre meines Lebens." Es waren glückliche und harmonische Jahre,

Jahre des Wachstums.° Bismarck wurde dort zum Diplomaten und aus der pommerschen Junkerin wurde die Frau des künftigen° Staatsmannes. In Frankfurt vergrößerte° sich auch die Familie des jungen Diplomaten. Das dritte Kind der Familie Bismarck, ein zweiter Sohn, wurde dort geboren.

Bismarck hatte anfangs nicht die Absicht,° den Deutschen Bund zu zerstören.° Er wollte ihn nur reformieren. Dieser Bund gab Deutschland eine gewisse° Stabilität, und das entsprach° seinem politischen Denken. Aber Preußen sollte nicht mehr hinter Österreich zurückstehen; sein König sollte nicht der „Zweite" in Deutschland bleiben. Preußens neuer Gesandter wollte in Frankfurt zurückgewinnen, was man in Olmütz verloren° hatte.

Bis dahin hatten alle deutschen Staaten die führende Rolle Österreichs anerkannt, sogar in Fragen der Etikette. So war es bei den Sitzungen° des Bundestages° üblich, daß nur der Vorsitzende, also der Vertreter Österreichs, rauchte. Bismarck, ein sonst° sehr höflicher Mann, zündete sich sofort eine Zigarre an° — und bat seinen österreichischen Kollegen um Feuer. Sehr bald rauchte auch das „dritte Deutschland", die Gesandten der anderen deutschen Staaten. Sogar die, die sonst nicht Raucher waren. Die Österreicher gaben sich in diesem Krieg der Etikette und des Prestiges noch nicht geschlagen.° Als Bismarck einmal den österreichischen Gesandten, Graf Thun, sprechen wollte, empfing ihn dieser in Hemdsärmeln.° Bismarck wußte, was dies bedeuten sollte. Als Thun in Hemdsärmeln blieb, sagte er: „Sie haben ganz recht, Exzellenz, es ist sehr heiß hier." Und dann zog auch er seinen Rock° aus.

Bismarcks stiller Kampf gegen Österreich beschränkte sich nicht° auf Fragen der Etikette. Er tat alles, um

growth

future
increased

intention
destroy
certain
was in accordance with

lost

meetings
Federal Diet
otherwise
zündete an lit

gaben sich nicht geschlagen didn't admit defeat
shirt sleeves

coat

wasn't confined

IN DER SCHULE DER DIPLOMATIE   23

Österreichs Stellung im Deutschen Bund zu schwächen. Das „Leporello: Don-Juan¹-Verhältnis"° zwischen Preußen und Österreich, wie er es nannte, sollte zu Ende gehen. Das hieß, Österreich sollte nicht länger der Nutznießer° des Bundes sein. Als Österreich in den Deutschen Zollverein eintreten° wollte, verhinderte er es; als Österreich während des Krimkrieges (1854–56) den Bund ins antirussische Lager ziehen° wollte, erreichte Bismarck stattdessen° „bewaffnete° Neutralität".

In Wien hatte man wenig Freude an der Politik des neuen preußischen Gesandten in Frankfurt. Aber auch in Berlin beobachtete man Bismarcks Tätigkeit mit gemischten° Gefühlen. Es gab noch viele Preußen, die den Bund und Österreichs führende Stellung respektierten. Als Österreich endlich bereit war, die Führung° im Bund mit Preußen zu teilen,° war Bismarck nicht mehr daran interessiert. Er sah nun im Bund eine „deutsche Lüge";° er wollte die Zukunft Preußens und Deutschlands nicht auf eine solche Lüge bauen.

Im Herbst 1857 erkrankte° der preußische König Friedrich Wilhelm IV. Sein Bruder Wilhelm wurde Regent. Nun änderte° sich manches in Berlin. Das hatte auch für Bismarck Folgen.° Man wollte den eigensinnigen° Junker weder in Frankfurt noch in Berlin. Der Regent schickte ihn als Gesandten nach Petersburg² an den Hof des Zaren.

In Rußland war der neue Gesandte willkommen. Er galt als ein Repräsentant guter russisch-preußischer Beziehungen. Der Zar hatte nicht vergessen, was Bismarck während des Krimkrieges für sein Land getan hatte. Die „bewaffnete Neutralität", Bismarcks Formel,

relation

5 beneficiary
to join

to pull
instead / armed
10

mixed

15
leadership
share

lie
20

became sick

changed
consequences
25 stubborn

30

---

[1] Don Juan, a legendary Spanish profligate. Leporello, his servant imitated him in a rather arrogant way.
[2] Petersburg: The imperial capital of czarist Russia until 1917; later renamed Leningrad by the new regime of the Soviet Union.

hatte damals eine völlige Niederlage Rußlands verhindert.° Bismarck konnte nun als Gesandter die guten Beziehungen vertiefen. Er legte ein außenpolitisches Fundament, auf das er später baute.

Im Herbst 1859 mußte er seinen Dienst in Petersburg unterbrechen.° Er hatte sich bei einer Jagd° in Schweden das Bein verletzt. Falsche Behandlung durch einen Kurpfuscher° kostete ihm fast das Bein. Schwerkrank brachte man ihn per Schiff nach Preußen. Als eine Thrombose und eine Lungenentzündung° seine Krankheit komplizierten, war er dem Tode nah. Aber „Freund Hein"[3] sollte ihn noch nicht haben. Im Mai 1861 konnte er wieder seinen Dienst in Petersburg beginnen.

Bismarck lebte gut und teuer° in Petersburg. Seine Wohnung gehörte zu den schönsten der Stadt. Sie war groß, gemütlich und warm: elf Zimmer und ein Stall für zehn Pferde. „Wir verbrennen täglich ein Wäldchen in den riesigen° Öfen", schrieb er schon im November in einem Brief. Am Hof behandelten° ihn der Zar und die Zarin wie einen besonderen Gast. Man wußte am Hof, daß dieser Deutsche viel Verständnis für Rußland und die Russen hatte. Bismarck studierte auch Russisch, obgleich dies für seinen Posten nicht nötig war, denn die Diplomatensprache war Französisch. Er gehörte zu den wenigen ausländischen Diplomaten, die sich mit dem Zaren auf russisch unterhalten° konnten.

Petersburg schien der richtige Posten für Bismarck zu sein. Aber er sah darin nur ein Provisorium.° Er wartete ungeduldig° auf seine Chance, selbst Politik zu machen. Große Politik, entscheidende Politik. Ein Kollege in Petersburg schrieb 1860 über ihn: „Er ist

---

[3] „Freund Hein": der Tod.

die verkörperte Politik.° Alles gärt° in ihm, drängt nach Betätigung und Gestaltung".° Betätigung und Gestaltung — davon konnte Bismarck im fernen Petersburg nicht genug finden.   politics personified / seethes
drängt... strives for action and activity

Im März 1862 rief man Bismarck nach Preußen zurück. Der König brauchte das Talent des ehrgeizigen Junkers für größere Aufgaben. Doch Wilhelm I. war noch nicht bereit, die Führung der preußischen Politik in seine Hände zu legen. „Sie scherzen° wohl", sagte der König, als ihm sein Ministerpräsident diesen Vorschlag° machte. Wilhelm wußte schon damals,° daß es kein Scherz bleiben würde. Es war ihm nur zu früh, Bismarck an die Macht° zu lassen. So schickte er ihn als Gesandten nach Paris; wieder ein Provisorium für Bismarck, den König und Preußen.   joke

suggestion / then

in power

Bismarck reiste ohne seine Familie nach Paris, denn er rechnete mit° einem kurzen Aufenthalt in Frankreich. Auf einem Urlaub in Biarritz[4] lernte er die junge Frau eines russischen Diplomaten kennen, die Fürstin° Katharina Orlow. In ihrer Nähe fühlte er sich „so jung und gesund wie als Student in Göttingen". Seiner Schwester Malle schrieb er: „Ich habe mich etwas in die niedliche° Principessa[5] verliebt." Seiner Frau Johanna erklärte er dieses Erlebnis etwas vorsichtiger:° „Sie ist ein Stück Maria Thadden, ... wenn ihr zusammenkommt, wirst du mir vergeben, daß ich für sie schwärme."° Johanna vergab ihm; ihr Vertrauen war größer als ihre Eifersucht.°   counted on

princess

cute
more carefully

am enthusiastic
jealousy

Es war ein schmerzlicher Abschied für Bismarck, als er sich von Katharina trennen mußte. Es war ein endgültiger° Abschied von der Jugendzeit. Aber das Schicksal° ließ ihn nicht lange darüber nachdenken. Am Abend seiner Rückkehr nach Paris telegrafierte   final
fate

---

[4] Biarritz: Elegant French sea resort on the Bay of Biscay near the Spanish border.
[5] Principessa: Italianized nickname for "Fürstin".

ihm der preußische Außenminister:° „Der König ge- · secretary of state
nehmigt,° daß Sie jetzt herkommen." Nun war es so · grants permission
weit:° Preußen brauchte ihn. Am 22. September 1862 · the time had come
ernannte ihn der König zum preußischen Minister
und 14 Tage später zum Ministerpräsidenten. Bismarck   5
war an der Macht.

EXERCISES

I. Replace the italic word or words with the new words suggested by the English cues.

1. Der *neue* Gesandte dachte anders darüber. (old / clever / ambitious / Prussian / Austrian)
2. Ich bin nicht der *Erste* in Deutschland. (richest / poorest)
3. Bismarck ging nicht *ungern* nach Frankfurt. (at once / alone / with his family)
4. Es waren *glückliche* Jahre. (difficult / interesting / fine)
5. Es rauchten sogar *die*, die sonst nicht Raucher waren. (the ambassadors / those / all men)
6. Bismarck wußte, was dies *bedeuten* sollte. (show / prevent / bring)
7. Nun änderte sich *manches* in Berlin. (much / nothing / everything)
8. Bismarck lebte *gut* in Petersburg. (two years / a long time / only a short time)
9. Bismarck reiste ohne *seine Familie* nach Paris. (his wife / her / him / the young woman)
10. Der König *genehmigt*, daß Sie jetzt herkommen. (wishes / demands / would like)

IN DER SCHULE DER DIPLOMATIE

II. Restate each sentence using the new subject indicated.

Example: Das hatte er sich schon als Student gewünscht.
(ich)
Das hatte ich mir schon als Student gewünscht.

1. Sie trennte sich schwer von Pommern. (wir)
2. Sie fühlte sich bald in Frankfurt daheim. (Bismarck)
3. Er zündete sich eine Zigarre an. (ich)
4. Sie gaben sich nicht geschlagen. (du)
5. Er konnte sich mit dem Zaren auf russisch unterhalten. (ihr)
6. In ihrer Nähe fühlte er sich jung. (Sie)
7. Er lebte sich schnell ein. (seine Frau)

III. Ask a question using a suitable interrogative.

Example: *Der König* schickte ihn nach Frankfurt.
Wer schickte ihn nach Frankfurt?
Der König schickte ihn nach *Frankfurt*.
Wohin schickte ihn der König?

1. Bismarck sah *seine große Chance*.
2. Er lebte sich dort *schnell* ein.
3. *Künstler und Diplomaten* kamen oft und gern.
4. Er wollte *den Vorsitzenden* sprechen.
5. Er ritt fast *täglich* durch den Stadtwald.
6. Er konnte sich *mit dem Zaren* auf russisch unterhalten.

IV. Restate the sentences, using the modal auxiliaries suggested by the English cues.

1. Er *durfte* sein, was er sich gewünscht hatte. (could / wanted to / had to be)
2. In ihrem Haus *kann* jeder tun, was er will. (would like to / is supposed to / is allowed to)
3. Du *mußt* mir vergeben. (can / should)
4. Bismarck *wollte* den Bund reformieren. (had to / was able to / was supposed to)
5. Er mußte sich von Katharina trennen. (did not want to / was supposed to / was unable)

IV
AN DER MACHT: DIE ERSTEN JAHRE

Was war geschehen?° Warum hatte sich der König entschlossen, Bismarck zum Ministerpräsidenten zu ernennen? Einen Mann, dem er noch nicht traute. Hatte Bismarck nicht viele Feinde in Berlin, unter ihnen sogar die Frau des Königs?

König Wilhelm I. war Soldat mit Leib und Seele.° Er sah seine Rolle als Monarch aus der Perspektive des Soldaten. Daher wollte er ein starkes Heer° für sein Land, ein stärkeres als bisher. Preußen sollte kein zweites „Olmütz" erleben. Sein Wunsch erforderte° eine Reform des Heeres. Das Heer sollte mehr Offiziere bekommen; außerdem° wollte er die Dienstzeit von zwei auf drei Jahre verlängern.

Solche Reformen kosten Geld. Das preußische Parlament war nicht bereit, dem König dieses Geld zu geben. Es war vor allem die junge Deutsche Fortschrittspartei,° die sich dieser Heeresreform entgegenstellte. Die Fortschrittspartei war die Partei des Kleinbürgertums;° gemeinsam mit anderen Parteien der "Mitte" und der "Linken" hatte sie die Mehrheit im Parlament. Diese bürgerliche Koalition sah in der Heeresreform einen Versuch° der Regierung, die Stellung des Adels und des Königs zu stärken. Mit 308:11 Stimmen lehnte das Parlament diese Ausgaben° für die Heeresreform ab.° Die Volksvertretung und der König standen sich in dieser Frage feindlich° gegenüber.

 Wilhelm I. war erbittert und enttäuscht, aber er respektierte das Recht des Parlaments. Sollte er zugunsten° seines Sohnes abdanken?° Oder sollte er versuchen, diese Reform auch gegen den Willen des Parlaments durchzusetzen?° Welcher Minister hat den Mut, sich gegen die parlamentarische Mehrheit zu stellen? Er kannte keinen. In dieser Krise hörte er auf° seinen Kriegsminister Albrecht von Roon, der ihm einen solchen nannte: Otto von Bismarck.

 "Welche Bedingungen° stellen Sie?" fragte der König, als er Bismarck das Amt des Ministerpräsidenten anbot.° "Gar keine. Ich fühle wie ein kurbrandenburgischer Vasall, der seinen Lehnsherrn° in Gefahr sieht", war Bismarcks Antwort. Das waren Worte, die dem Soldaten Wilhelm aus dem Herzen gesprochen waren. "Dann ist es meine Pflicht, mit Ihnen die Weiterführung° des Kampfes zu versuchen", erwiderte der König. Es war der Beginn einer der fruchtbarsten° Partnerschaften in der deutschen Geschichte. 26 Jahre diente° Bismarck von diesem Tag ab seinem König; und meistens führte er ihn auch.

 Das Parlament war nicht bereit, dem neuen Ministerpräsidenten zu geben, was es dem König verweigert° hatte. Man hörte nicht auf seine Vorschläge und Bitten. In einer Sitzung über das Budget sprach Bismarck die Worte, die man ihm nie vergessen und verzeihen sollte: "Nicht durch Reden und Majoritätsbeschlüsse°

werden die großen Fragen der Zeit entschieden — das ist der große Fehler von 1848 und 1849 gewesen — sondern durch Eisen und Blut." Also mit Eisen und Blut will der Herr von Bismarck Politik machen, riefen seine politischen Gegner.° Hört, hört. Bismarck tat es bald leid, daß er diese Worte gesprochen hatte. Es half wenig, daß er sie zu interpretieren versuchte: Der König braucht eine stärkere Armee für das Wohl° Preußens, und Worte sind dafür nicht genug.

   Nun war das Parlament noch weniger bereit, das Geld für die Heeresreform zu bewilligen. Aber Bismarck wußte sich zu helfen. Er behauptete: Wenn sich die beiden Häuser des Parlaments nicht über das Budget einigen° können, dann darf die Regierung auch ohne Budget regieren. Man wußte nicht genau, ob er recht oder unrecht hatte. In der Verfassung stand nichts darüber. Und während die Politiker darüber diskutierten, begann Bismarck mit der Heeresreform.

   Es war eine riskante Sache und der König fürchtete sogar eine Revolution. Er sah seinen Ministerpräsidenten und sich selbst bereits auf dem Schafott.° Er erinnerte sich, was während der Französischen Revolution geschehen war. „Man wird Ihnen den Kopf abschlagen° und etwas später mir", meinte er. „*Et après?*[1]" fragte Bismarck. „Ja, après, nachher sind wir tot", antwortete der König mit sarkastischem Humor. „Und können wir anständiger° umkommen?"° entgegnete Bismarck. Sein König gab ihm recht. Das war eine Sprache, die ein alter Soldat verstand. Bismarck gab ihm das Selbstvertrauen° zurück, das er fast verloren hatte. Als ihn im nächsten Frühling ein Besucher nach seinem Befinden° fragte, zeigte der König auf Bismarck und sagte: „Hier steht mein Arzt."°

   Im Februar des Jahres 1863 beschloß das Abgeord-

---

[1] *Et après* (French): "und danach", and then.

netenhaus ein neues Gesetz, in dem es hieß: Minister haften° mit ihrer Person und ihrem Vermögen° für alle verfassungswidrigen° Ausgaben. Es war klar, gegen wen dieses Gesetz gerichtet° war. Bismarck ließ sich nicht einschüchtern.° Er lehnte es ab, seinen Besitz auf seinen Bruder umzuschreiben.°

In Preußen gab es seit 1849 eine Verfassung. Der neue Ministerpräsident interpretierte sie sehr eigenwillig.° „Wo steht in der Verfassung, daß nur die Regierung Kompromisse machen soll und die Abgeordneten niemals?" fragte er in einem Brief des Jahres 1863. Die Mehrheit im Parlament vertrat für ihn nicht die Mehrheit des Volkes. Im Jahre 1863 hatte er damit recht. Damals gehörte ein großer Teil des Volkes noch zum Publikum,° nicht zu den Teilnehmern° der Politik.

Bismarck machte seinen politischen Gegnern das Leben oft sauer,° besonders wenn sie Beamte waren. Er ließ sie versetzen oder beförderte° sie nicht. Zeitungen ließ er beschlagnahmen° oder er verklagte° sie. Wenn es ihm um das Interesse des Staates ging, kannte er wenig Toleranz. Er glaubte fest daran, daß er mit seiner Politik dem Staat und dem König diente. „Die Politik der Regierung ist die Politik des Königs", sagte er in einer Rede. Und die Politik des Königs und der Regierung war *seine* Politik.

In der Innenpolitik° sah Bismarck zunächst nur ein Mittel zum Zweck;° sie sollte das Fundament für eine starke Außenpolitik schaffen. Die Heeresreform war dafür ein gutes Beispiel. In der Außenpolitik strebte er zunächst nach° größerem Einfluß Preußens in deutschen Angelegenheiten und nach guten Beziehungen° mit Rußland. Prüfsteine° für eine solche Politik ließen nicht lange auf sich warten.

Als sich im Jahre 1863 die Polen gegen den Zaren erhoben, stellte sich Preußen auf die Seite Rußlands.

Preußen versprach sogar militärische Hilfe gegen die polnischen Revolutionäre. Bismarck hatte gute Gründe für diesen Schritt. In Preußen gibt es auch viele Polen, und Revolutionen machen leicht Schule,° dachte er. „Jeder Erfolg der polnischen Nationalbewegung° ist eine Niederlage Preußens", hatte er schon zwei Jahre früher geschrieben.

Der Zar war ihm dankbar, die Liberalen Deutschlands waren empört.° Selbst° manche seiner Freunde konnten diese Politik nicht verstehen. Nicht nur in Deutschland, in vielen europäischen Staaten sympathisierte man mit dem Freiheitskampf der Polen. Hatte Bismarck einen entscheidenden° Fehler gemacht? In Berlin sprach man schon von einem Rücktritt° des Ministerpräsidenten. Es gab nur mehr wenige, die an eine weitere Laufbahn° Bismarcks glaubten. Der König war einer von ihnen.

Bismarck kümmerte sich nicht um° die Empörung der Opposition. Er sah in seinem Versprechen gegenüber dem Zaren einen „gelungenen Schachzug"° auf dem Schachbrett der internationalen Diplomatie. Die Partie° hatte erst begonnen. Die Geschichte der nächsten Jahrzehnte sollte beweisen, daß es ein guter Zug gewesen war.

Im gleichen° Jahr versuchte Österreich seine führende Stellung im Deutschen Bund zu erneuern. Es wollte den Bund reformieren — und ihn führen. Daran hatte Bismarck kein Interesse. Ein starker Deutscher Bund paßte° nicht in seine Pläne, und ein Deutscher Bund unter österreichischer Führung schon gar nicht.

Kaiser Franz Joseph lud alle deutschen Fürsten zu einer Tagung nach Frankfurt ein.° An Preußens Teilnahme lag dem österreichischen Kaiser besonders viel. Er schickte daher den König von Sachsen persönlich nach Berlin, um diese Einladung zu überbringen.° Bismarck riet° seinem König, nicht zu dieser Tagung

AN DER MACHT: DIE ERSTEN JAHRE   33

zu fahren. „Dreißig regierende Herren und ein König als Kurier. Wie kann man da ablehnen?" erwiderte Wilhelm. Gab es nicht eine Solidarität unter den deutschen Dynastien, die auch ein preußischer König achten° mußte? Die deutschen Fürsten und auch die Familie des preußischen Königs wünschten die Reise nach Frankfurt. Alle wollten sie, nur Bismarck nicht. Auf wen sollte der König hören?

    5 respect

In der Nacht zum 20. August gab es die erste große Auseinandersetzung° zwischen Wilhelm I. und seinem Ministerpräsidenten. Der König erlitt einen Weinkrampf,° Bismarck verließ um Mitternacht völlig erschöpft° das Zimmer. Resultat: Wilhelm I. fuhr nicht nach Frankfurt. Bismarck hatte seinen Willen durchgesetzt. Die Tagung wurde ein Mißerfolg° und Preußen konnte seine eigenen Wege gehen. Bismarck hatte einen wichtigen diplomatischen Sieg errungen° — und das Vertrauen seines Königs.

10 dispute

crying fit
exhausted

15 failure

achieved

Was sich in jener Nacht zwischen diesen beiden Männern ereignet hatte,° wiederholte° sich in späteren Jahren ihrer langen Partnerschaft noch öfters. Fast immer gab der König nach.° Warum? Bismarck drohte° bei entscheidenden Konflikten mit seinem Rücktritt. Diesen Preis wollte Wilhelm I. nie zahlen. Der König wußte nur zu gut: Preußen und er brauchen Bismarck. Auf diesen Mann konnte er nicht verzichten.°

20 sich... took place / repeated

gab nach gave in
threatened

25

do without

Nach der Frankfurter Tagung kam die Frage Schleswig-Holstein, ein sehr kompliziertes Problem. Wem gehörten diese beiden Herzogtümer,° die zwei nördlichsten Staaten im deutschen Sprachgebiet?° Dänemark, dem Prinzen von Glücksburg[2] oder dem

30 duchies
linguistic area

---

[2] Glücksburg: A sea resort in Schleswig-Holstein which has been the residence of the dukes of Schleswig-Holstein-Sonderburg since the 17th century.

Haus Augustenburg?[3] „Es gibt nur drei Menschen, die dieses Problem verstehen", meinte der englische Minister Palmeston. „Einer davon ist ein deutscher Professor — und der ist darüber verrückt° geworden." °crazy

In Schleswig lebten Dänen und Deutsche, in Holstein fast nur Deutsche. Schleswig war ein dänisches Lehen;° °fief Holstein ein deutsches Lehen, das zum Deutschen Bund gehörte. Im November 1863 wollten die Dänen Schleswig zu einem Teil von Dänemark machen. Die deutschen Staaten waren dagegen; aber sie hatten auch kein klares Konzept für die Zukunft der beiden Staaten. Außerdem gab es seit 1852 ein internationales Abkommen° über den Status der beiden Herzogtümer °agreement (Londoner Abkommen). „Ich habe kein Recht auf Holstein", sagte der preußische König. Sein Minister war nicht so bescheiden;° dieser wollte Schleswig und °modest Holstein für Preußen gewinnen. Dafür brauchte er aber die Hilfe Österreichs, wollte er kein zweites „Olmütz" riskieren. Tatsächlich° gelang das diploma- °in fact tische Meisterstück. Österreich handelte gemeinsam mit Preußen und nicht mit dem Deutschen Bund. Wie hatte Bismarck dies möglich gemacht? Preußen soll nicht allein freie Hand in Norddeutschland haben, dachten die Österreicher. Mitentscheiden° ist besser °to participate in a decision als Zusehen. Als Dänemark nicht bereit war, Konzessionen zu machen, kam es 1864 zum Krieg. Dänemark verlor ihn und mußte Schleswig und Holstein an die Sieger abgeben.

Österreich verwaltete nun Holstein, Preußen verwaltete Schleswig. Das war weder eine glückliche noch eine dauernde° Lösung.° Sie mußte zu Konflikten °lasting / solution zwischen Österreich und Preußen führen. Bismarck

---

[3] Haus Augustenburg: A branch of the royal Danish and Oldenburg dynasty which made a claim upon Schleswig-Holstein in the 19th century.

war kein Freund halber Lösungen. Für ihn war diese
Situation nur das Symptom eines viel größeren Problems,
nämlich die Frage der Vorherrschaft in Deutschland.
Welcher Staat sollte Deutschland führen? Einen
Vorschlag Bayerns lehnte er ab. Danach sollte Preußen 5
in Norddeutschland, Bayern in Süddeutschland und
Österreich in seinen Erbländern° die führende Stellung   hereditary lands
haben. Bismarck war damit nicht einverstanden; er
dachte in größeren Dimensionen. Für ihn gab es nur
einen Staat, der Deutschland führen konnte und 10
sollte — und dieser Staat war Preußen.

    Der Konflikt mit Österreich mußte kommen. „Jeder
andere preußische Krieg vor dem österreichischen ist
die reine Munitionsverschwendung",° sagte Bismarck   waste of ammunition
kurz nach dem Krieg mit Dänemark. Es kam sehr bald 15
zum Streit zwischen Preußen und Österreich über die
besetzten° Gebiete. Österreich bat den Deutschen   occupied
Bund um Hilfe. Jenen Bund, der nach Bismarcks Meinung
verschwinden° sollte. Es war kein Geheimnis,°   to disappear / secret
was der preußische Ministerpräsident von dem Deut- 20
schen Bund hielt. Wie groß war daher die Überraschung,°   surprise
als Bismark vorschlug, den Bund zu reformieren.
Er forderte° ein gesamtdeutsches Parlament,   demanded
gewählt° durch allgemeine, freie und geheime Wahlen.   elected
War das der Vorschlag eines konservativen Politikers, 25
der bis dahin für Parlament und parlamentarische
Wahlen wenig Sympathien gezeigt hatte? War das
derselbe° Minister, der seinem eigenen Parlament vor   the same
dem Krieg mit Dänemark gesagt hatte: „Wenn wir es
nötig finden, Krieg zu führen,° so werden wir ihn 30   to wage war
führen, mit oder ohne Ihr Gutheißen."° Selbst sein   approval
König konnte ihn nicht verstehen. „Das ist ja die
Revolution, die Sie mir vorschlagen", sagte Wilhelm I.
zu diesem Plan.

    Es war ein Schachzug. Bismarck wußte, daß sich der

Nationalitätenstaat° der Habsburger keine allgemeinen Wahlen leisten konnte.° Es gab viel mehr Ungarn, Tschechen, Polen, Slowenen usw. als Deutsche in der österreichischen Monarchie. Jedoch die Führung dieses Staates lag meistens in den Händen der deutschsprechenden Österreicher. Diese wollten sich von den anderen Nationalitäten nicht überstimmen lassen.

Bismarck wollte mit diesem Vorschlag auch innenpolitische Gewinne erzielen.° Er hoffte, die Liberalen in Preußen für seine Ziele zu gewinnen. Die meisten von ihnen mißtrauten auch weiterhin° dem ehrgeizigen Junker.

Der Deutsche Bund ließ sich nicht für die Pläne des preußischen Ministerpräsidenten gewinnen. Bismarck gelang es nicht, Österreich vom Bund zu isolieren. Da suchte sich Bismarck Hilfe anderswo.° Er versprach dem jungen Italien Venetien für seine Hilfe im Fall eines Krieges gegen Österreich.[4] Vom französischen Kaiser Napoleon III. erhielt er das Versprechen, neutral zu bleiben. Napoleon glaubte an einen langen Krieg zwischen Österreich und Preußen; er wollte dann der „lachende Dritte"[5] sein.

Im Juni 1866 verlangte° Österreich eine Entscheidung vom Deutschen Bund über die Zukunft Schleswig-Holsteins. „Das ist ein Bruch° unseres Abkommens", erklärte Bismarck. Zwei Wochen später marschierten preußische Truppen in Holstein ein. Österreich verlangte die Mobilisierung des Deutschen Bundes gegen Preußen; Preußen verlangte den Ausschluß° Österreichs aus dem Bund. Nun waren die Worte des Generals Clausewitz Wirklichkeit geworden: „Krieg

nation composed of several nationalities
sich leisten konnte
could afford

to make gains

from then on

somewhere else

demanded

violation

expulsion

---

[4] Italy did not become a kingdom until 1861. It obtained Venetia by being an ally of Prussia in the Austro-Prussian War of 1866.
[5] Der „lachende Dritte": A third party that benefits from the quarrel of two other parties.

ist die Fortsetzung° der Politik mit anderen Mitteln." continuation

Auf Österreichs Seite standen fast alle deutschen Staaten. Nur Mecklenburg und einige kleinere norddeutsche Staaten stellten sich auf Preußens Seite. Preußen war fast ganz allein, das Risiko für den Staat der Hohenzollern groß. Nicht nur in Österreich glaubte man an einen schnellen militärischen Sieg der Habsburger und ihrer deutschen Verbündeten.° Viele Regierungen in Europa glaubten dasselbe. Österreichische Soldaten hatten schon Uniformen für die Parade in Berlin in ihrem Tornister.° allies / packs

Man vergaß in Wien einige Dinge, mit denen Bismarck rechnete:° Die Heeresreform, die General von Roon seit 1862 durchgeführt° hatte; das neue Zündnadelgewehr,° das viermal so schnell schoß wie das österreichische Gewehr; die Fähigkeit des Generals von Moltke, der im schnellen Angriff die beste Verteidigung° sah. Bei Königgrätz in Böhmen fiel schon am 3. Juli 1866 die Entscheidung.° „Der Erfolg ist vollkommen.° Wien liegt zu Füßen Eurer Majestät", meldete° Moltke seinem König auf dem Schlachtfeld. Ja, nach Wien wollten der König und seine Generäle, und der Weg dorthin war frei. Wilhelm I. hatte sich nur schwer zu diesem Krieg entschlossen; nun wollte er die Früchte seines Sieges ernten.° Österreich und Sachsen sollten Gebiete abtreten.° Wilhelm sah die Situation als Soldat, Bismarck sah sie als Staatsmann. Für Bismarck war dieser Sieg nur ein Schritt zu einem höherem Ziel: der Einigung Deutschlands unter preußischer Führung. „Die Streitfrage° ist entschieden; jetzt gilt es, die alte Freundschaft Österreichs wiederzugewinnen", sagte er nach Königgrätz. Bismarck dachte bei dieser Strategie auch an die anderen Staaten Europas. Wird sich Napoleon III. noch einmischen,° und vielleicht sogar Rußland? Diese Fragen stellte sich Bismarck. Man mußte mit dieser Möglich-

reckoned
carried out
rifle with a needle-shaped firing pin

defense
fiel... the decision came
total
reported

to harvest
to cede

issue

intervene

keit rechnen. In Paris sprach man von einem Krieg gegen Preußen, in Petersburg von einer internationalen Konferenz. Von beiden wollte Bismarck nichts wissen. Daher wollte er sofort mit Österreich Frieden schließen.° Je schneller, desto besser.

Sein König konnte ihn nicht verstehen. Diesmal wollte Wilhelm I. nicht auf seinen Minister hören. Der alte Soldat wollte den Sieg von Königgrätz nicht verschenken.° Auf dem mährischen° Schloß Nikolsburg[6] kam es zu einem schweren Zusammenstoß° zwischen den beiden Männern. Bismarck bekam einen Weinkrampf und verließ das Konferenzzimmer. Er dachte an Rücktritt, sogar an Selbstmord.° Der König blieb bei seinem Entschluß.° Sollte dies das Ende ihrer Partnerschaft sein? Da bekam Bismarck Hilfe, mit der er nicht gerechnet hatte. Der Kronprinz stellte sich auf seine Seite. Jener Kronprinz, der sich so sehr gegen Bismarcks Ernennung zum Ministerpräsidenten gestellt hatte. „Sie wissen, daß ich gegen den Krieg gewesen bin", sagte der Kronprinz zu ihm. „Sie haben ihn für notwendig gehalten und tragen die Verantwortung.° Wenn Sie nun überzeugt sind, daß ... jetzt Friede geschlossen werden muß, so bin ich bereit, Ihnen beizustehen° und Ihre Meinung bei meinem Vater zu vertreten."° Der Kronprinz erreichte,° was Bismarck nicht gelungen war. Der König nahm — mit schwerem Herzen — Bismarcks Plan an. „Ich muß in den sauren Apfel beißen und einen so schmachvollen° Frieden annehmen", sagte Wilhelm wehmütig.°

Im Frieden von Prag verzichtete° Österreich auf Schleswig und Holstein und trat Venetien an Italien ab. Österreich mußte der Bildung eines norddeutschen Bundes unter preußischer Führung zustimmen.° Damit gab Österreich seine führende Stellung in Deutschland

5 to make peace

to give away / Moravian conflict

suicide
decision

responsibility

to help
advocate / achieved

disgraceful
sadly

gave up

to agree to

---

[6] Nikolsburg (Mikulov): City in southern Moravia; today a part of Czechoslovakia.

an Preußen ab. Eine Stellung, die das Haus Habsburg
fünf Jahrhunderte innegehabt° hatte. Das war ein held
Meilenstein in Deutschlands Geschichte. Österreich
war zwar noch immer eine Großmacht, aber nicht mehr
in Deutschland. Bismarck hatte erreicht, was er sich 5
schon als Gesandter in Frankfurt gewünscht hatte. Mit
den süddeutschen Staaten schloß Preußen einen Frieden
ohne Annexionen. Einige norddeutsche Staaten,
darunter Hannover, Kurhessen und Hessen-Nassau
wurden ein Teil Preußens. Zum ersten Mal gab es ein 10
Preußen, das von Ostpreußen bis an den Rhein
reichte. Preußen war nun Herr im deutschen Haus.
Aber das war noch nicht Bismarcks letztes Ziel.

EXERCISES

I. Practice the pronunciation of these **Fremdwörter** (words of foreign origin) in short sentences. All the words appeared somewhere in chapters II–IV. Use them with the words given in parentheses. Put the verb in the tense shown.

> Example: eine Monarchie (Preußen / sein / 19. Jahrhundert) past
> **Preußen war im 19. Jahrhundert eine Monarchie.**

1. die Liberalen (unterbrechen / Bismarck / Parlament) perfect
2. Seine Majestät (Bismarck / gehorchen + dat.) past
3. die Familie (sich ein-leben / schnell / Frankfurt) perfect
4. die Etikette (das Rauchen / sein /gegen) past
5. das Fundament (Bismarck / bauen / Außenpolitik) perfect
6. ein Provisorium (Bismarck / sehen in + dat. / Aufenthalt) present
7. eine Solidarität (es gibt / unter / Fürsten) past
8. das Budget (Parlament / diskutieren über / oft) perfect
9. einen Kompromiß (König / Parlament / machen) past

II. Note the shifting of the accent in the following words. Practice all of them in simple sentences.

die Politik : politisch
die Reform : reformieren
der Monarch : die Monarchie
die Revolution : der Revolutionär
die Neutralität : neutral
der Diplomat : die Diplomatie

III. Supply the prepositions:
1. Er sah seine Rolle ———— der Perspektive des Soldaten.
2. Er wollte ein starkes Heer ———— sein Land.
3. Er wollte die Dienstzeit ———— zwei ———— drei Jahre verlängern.
4. Bismarck diente ———— diesem Tag ————seinen König.
5. Man hörte nicht ———— seine Vorschläge.
6. Die Regierung durfte auch ———— Budget regieren.
7. Dieses Gesetz war ———— ihn gerichtet.
8. Er glaubte, daß er ———— seiner Politik dem König diente.
9. Er strebte ———— größerem Einfluß Preußens.
10. Preußen stellte sich ———— die Seite Rußlands.
11. Wenige glaubten ———— eine weitere Karriere Bismarcks.
12. Es gab eine Auseinandersetzung ———— Bismarck und dem König.
13. Österreich bat den Deutschen Bund ———— Hilfe.
14. Was hatte er ———— den Krieg gesagt?
15. Wir werden Krieg ———— oder ———— Ihr Gutheißen führen.

IV. Put each sentence into the present perfect. Note the accent of each verb and the form of the past participle.

Example: Der König reformiert den Staat.
Der König hat den Staat reformiert.

1. Ich diskutiere mit meinem Freund.
2. Ihr kompliziert die Situation.

3. Preußen riskiert keinen neuen Krieg.
4. Viele Staaten sympathisieren mit dem Freiheitskampf der Polen.

V. Use the following idiomatic expressions in short sentences:
1. mit Leib und Seele
2. sauer machen (dat.)
3. leid tun
4. eigene Wege gehen

V

VOM „BRUDERKRIEG" ZUR „EMSER DEPESCHE"°   telegram

Bismarck hatte in der Außen- und Innenpolitik gesiegt. Doch es gab viele Wunden zu heilen,° im eigenen Staat und in den anderen deutschen Ländern. Man erinnerte sich,° wie Bismarck die Heeresreform in Preußen finanziert hatte: ohne Bewilligung° des Landtages, ohne Rücksicht° auf die Rechte des Landtages. Nun wollte Bismarck nachträglich° diese Bewilligung („Indemnität") vom Landtag bekommen. Bei seinem König und den Konservativen fand er wenig Verständnis dafür. Hatte nicht der Erfolg seiner Politik alles gerechtfertigt?° Sie fanden es nicht nötig, daß er nun „betteln"° ging. Und außerdem: Die Konservativen waren nach dem Sieg über Österreich die stärkste Partei in Preußen geworden. Selbst viele Liberale waren nun bereit, in Bismarcks Lager überzugehen.° Nun sollte er um Bewilligung bitten, da er „doch alles in der Hand hatte"?

Wieder gelang es Bismarck, seinen König zu überzeugen.° Er bekam seine „Indemnität"; der preußische Landtag nahm Bismarcks Vorschlag mit 230:75 Stimmen an. Man bestätigte° ihm, daß er die Verfassung nicht verletzt° hatte. Wollte Bismarck ein früheres Unrecht gutmachen? Wollte er das Lager der Liberalen spalten?° Oder brauchte er politischen Frieden im eigenen Staat, um sein nächstes Ziel zu erreichen? Die Historiker diskutieren noch heute über die Motive der „Indemnität".

„Der Deutsche Bund muß weg, eine solche Institution darf nicht die Geschichte Deutschlands lenken,° seiner Zukunft im Wege stehen", hatte Bismarck schon vor dem „Bruderkrieg" mit Österreich gesagt. Jetzt war der Bund „weg", und Bismarck setzte an seine Stelle den Norddeutschen Bund. Dieser neue Bund sollte keine nördliche Version des Deutschen Bundes werden. Kein Bund, in dem jeder Staat egoistisch seine eigenen Wege geht. Der Norddeutsche Bund sollte die Vorstufe° eines vereinten deutschen Bundesstaates werden. Aus diesem neuen Bund sollte bald ein Reich werden. Für ihn schuf Bismarck die Organisation, für ihn schrieb er die Verfassung. Der Norddeutsche Bund war seine Idee und sein Werk.

Nördlich des Mains schlossen sich 22 deutsche Staaten im Norddeutschen Bund zusammen.° Der König von Preußen wurde sein Präsident, Bismarck sein Reichskanzler. Jeder dieser Staaten hatte Repräsentanten im Bundesrat,° das Volk wählte mit direktem Wahlrecht° den Reichstag.° Es überraschte viele, daß Bismarck das allgemeine Wahlrecht vorgeschlagen hatte; aber der Kanzler war bereit, es „in die Pfanne° zu werfen, um das monarchische Ausland ... abzuschrecken,° die Finger in unsere nationale Omelette zu stecken". In lokalen Angelegenheiten hatten die einzelnen Staaten viel Freiheit. Aber über die Armee und die Außenpolitik entschied die Regierung des

neuen Bundes, also Bismarck. Daß der sächsische
König weiterhin Gesandte im Ausland° haben wollte, — abroad
erlaubte der Kanzler gern. Ihm ging es nicht um die
Form; er wollte die Macht.

In Süddeutschland, in Bayern, Württemberg, Hessen und Baden stand man dem Norddeutschen Bund
noch mißtrauisch° gegenüber. Dort lebte man nach — distrustfully
dem Motto: Wir wollen bleiben, was wir sind. Aber
konnten sie bleiben, was sie waren? Die Situation in
Deutschland hatte sich seit Königgrätz radikal verändert.° Die süddeutschen Staaten hatten 1866 auf — sich... changed
Österreichs Seite gekämpft. Im Prager Frieden hatte
Bismarck sie milde behandelt.° Der Kanzler wollte — treated
sich auch dort Freunde, nicht Feinde schaffen. Er tat
sein Bestes, um das Mißtrauen der Süddeutschen zu
verringern.° Dabei bekam er von jemanden Hilfe, der — diminish
ihm gar nicht helfen wollte: von Napoleon III., dem
Kaiser der Franzosen.

Der Konflikt zwischen Preußen und Österreich
hatte Napoleon nicht gebracht, was sich dieser erhofft
hatte; nämlich die Stärkung Frankreichs auf Kosten
Deutschlands. Österreich hatte ihm für den Fall eines
österreichischen Sieges freie Hand am Rhein versprochen. Aber er hatte kein Glück. Es gab keinen
österreichischen Sieg. Er hatte aufs falsche Pferd gesetzt.° Es gab auch nicht den langen Krieg, auf den er — bet on the wrong horse
gehofft hatte. Er konnte nicht der „lachende Dritte"
sein.

Nun wollte sich Napoleon von Preußen für Frankreichs Neutralität während des „Bruderkrieges" entschädigen° lassen. Er forderte durch seinen Außen- — be compensated
minister die bayrische Pfalz und Rheinhessen. Bismarck
lehnte nicht nur ab; er machte diese Forderung zu
einem diplomatischen Bumerang. Er sagte zu den
Süddeutschen: Seht, von wo euch Gefahr droht!° — threatens
Nicht vom siegreichen Preußen, sondern von Frank-

reich. Man hörte in München, Stuttgart und anderen süddeutschen Hauptstädten auf ihn. Man traute dort Bismarck mehr als Napoleon. Noch im selben Jahr schlossen die süddeutschen Staaten ein Schutzbündnis° — defensive alliance
mit Preußen ab.

Seit Juli 1867 gab es auch einen Zollverein° zwischen — customs union
dem Norddeutschen Bund und vier deutschen Südstaaten. Frankreich war darüber nicht froh.° Es sah — happy
darin einen weiteren Schritt zur deutschen Einigung. Eine Einigung, an der Frankreich nicht interessiert war. Im selben Jahr sagte Bismarck zu seinem Parlament: „Meine Herren, arbeiten wir rasch! Setzen wir Deutschland in den Sattel.° Reiten wird es schon kön- — saddle
nen." Noch waren nicht alle Süddeutschen bereit, sich auf dieses deutsche Pferd zu setzen. Es gab dort viele Gegner Preußens: die katholische Kirche, die Bayern[1], die Demokraten und die Republikaner. Aber diese Gegner wußten auch, daß Preußens Kanzler nicht ohne sie reiten wollte. Und die Zeit für diesen Ritt war nicht mehr fern.

Aber wie nah war die Einigung wirklich? Bismarck wußte es selbst nicht. Nachdem er den Norddeutschen Bund geschaffen hatte, fühlte er sich oft müde und krank. Vielleicht sollten andere sein Werk weiterführen, dachte er manchmal. Sein König sah das Ziel noch in weiter Ferne.° „Die Einigung von Nord und — still in the distance
Süd kann viele, viele Jahre noch dauern und wird das Werk unseres Sohnes sein", schrieb Wilhelm um diese Zeit an seine Frau.

Im April 1867 kaufte Bismarck das Gut Varzin in Hinterpommern,[2] für das ihm ein dankbarer Landtag 400000 Taler bewilligt hatte. In der Stille seiner großen Wälder, bei langen Ritten und Spaziergängen

---

[1] die Bayern: People of the South German state of Bavaria, predominantly Catholic and known for their separatist tendencies and their rivalry with Prussia.

[2] Hinterpommern: The part of Pomerania which is located east of the Elbe river.

Johanna von Bismarck, geborene von Puttkamer

fand er neue Energien für sein unvollendetes° Werk.   unfinished
Besondere Freude hatte er an den Wäldern seines
neuen Besitzes; sie lockten° ihn immer wieder von Ber-   lured
lin nach Varzin. Als er sich einmal über wirtschaft-
liche° Probleme seines neuen Gutes ärgerte, schaute er   5 economic
auf die großen Bäume und sagte: „Ihr seid schuld°   guilty
daran, daß ich Varzin gekauft habe". Seine Bäume

ließ er sich auch etwas kosten. Auf einem Spaziergang sah er einmal einige alten Eichen,° die mehrere hundert Jahre alt waren. Groß war seine Enttäuschung, als er erfuhr,° daß diese Bäume nicht mehr zu seinem Gut gehörten. Er verhandelte° sofort mit seinem Nachbarn und kaufte jede einzelne dieser herrlichen Eichen für teures Geld.

Varzin war für Bismarck nicht nur ein Ort der Erholung;° Varzin schenkte° ihm neue Lebensfreude; Varzin erinnerte ihn an den Kniephof, an Schönhausen, an seine Jugend. Vielleicht erinnerte er sich dort auch an seine Wette° als Student: „In 20 oder 25 Jahren wird Deutschland vereinigt sein."

Der Krieg von 1866 hatte viele deutsche Probleme im Sinne Bismarcks gelöst. Die deutsche Einheit° hatte er jedoch nicht gebracht. Was stand ihr noch im Wege? Vor allem Frankreich. Für Frankreich bedeutete ein vereintes Deutsches Reich eine Gefahr, eine Schwächung° der eigenen Stellung in Europa. Viele Jahrhunderte lang hatten die französischen Könige Politik gegen ein vereintes Deutschland betrieben.° Für Frankreich war dies eine Politik der Selbsterhaltung.° Kein Wunder, daß Napoleon III. von Krieg sprach, falls° Preußen den deutschen Süden anschließen wollte. Der Diplomat Bismarck hatte dafür Verständnis. Aber es änderte nichts an seinen Plänen. Frankreich sollte ihnen nicht im Wege stehen.

Weder Napoleon III. noch° Bismarck waren in der Frage der Vereinigung Deutschlands zu einem Kompromiß bereit. Beide hielten einen solchen Kompromiß im Interesse ihres Staates für unmöglich. Zwar sagten beide „wir wollen keinen Krieg", aber gab es eine Lösung ohne Krieg?

Im Jahre 1867 begleitete° Bismarck seinen König zur Weltausstellung in Paris. Dort sagte der alte Marschall Vaillant, der schon unter Napoleon I. gekämpft hatte, zu ihm: „Ihr seid zu groß neben uns geworden. Wir müssen eines Tages die Degen° kreuzen."° Bismarck antwortete: „Wohlan,° kreuzen wir sie." Im selben Jahr sagte Bismarck zu Karl Schurz:[3] „Jetzt ist die Reihe an Frankreich ... Ja, wir werden Krieg bekommen und der Kaiser der Franzosen wird ihn selbst anfangen."

    swords
    cross / now then

Bismarck hatte gute Gründe° für diese Prophezeiung. Napoleon III. hatte in den Sechzigerjahren mit seiner Politik wenig Glück gehabt. Die Liste seiner Mißerfolge war lang: Kein Gewinn im preußisch-österreichischen Krieg; ein mißlungenes° Abenteuer° in Mexiko;[4] Konflikte mit der katholischen Kirche im eigenen Land. Luxemburg, das er 1867 von Holland kaufen wollte, ließ man ihn auch nicht haben. Sein politisches Prestige war dem Nullpunkt nahe. Um diese Lage zu verbessern, war der französische Kaiser bereit, etwas zu riskieren. Im Jahre 1870 glaubte er seine Chance für solchen Prestigegewinn zu sehen. Es sollte ein Gewinn auf Kosten Preußens sein.

    reasons

    failed / adventure

Spanien suchte° einen König. Die Spanier hatten ihre Königin Isabella II. ins Exil geschickt. Sie boten dem Prinzen Leopold von Hohenzollern-Sigmaringen ihren Thron an.° Leopold war ein Verwandter° des preußischen Königs, gehörte jedoch zur katholischen Linie der Dynastie Hohenzollern. Ein deutscher Prinz auf dem spanischen Thron — diese Idee gefiel Bismarck. Er begann sofort, dafür zu arbeiten. Die Franzosen dachten anders darüber. Sie erinnerten sich an

    searched for

    boten an offered / relative

---

[3] Karl Schurz (1829–1906), a German politician who participated in the revolution of 1848. He fled to the United States where he later became a Senator from Missouri.

[4] The United States, reviving the Monroe Doctrine as soon as its Civil War had ended, forced Napoleon III to withdraw his French expeditionary force from Mexico in 1867. Maximilian of Austria, whose tenure as emperor of Mexico depended on the presence of French soldiers, was captured by the Mexican forces of Benito Juárez and shot.

vergangene Jahrhunderte, als Habsburger auf dem
Thron in Spanien und in Deutschland saßen. Eine
solche „Einkreisung",° wie sie es nannten, durfte sich encirclement
nicht wiederholen.° Der französische Außenminister to repeat
Gramont protestierte energisch. Er sprach von Frank- 5
reichs Ehre, vom Gleichgewicht° der Großmächte in balance
Europa und vom „Erfüllen unserer Pflicht". Das Parlament in Paris jubelte° bei seinen Worten. Nun war es rejoiced
allen klar: Der Krieg stand vor der Tür. Ob Bismarck
ihn wollte? Ob er ihn für unvermeidlich° hielt? Dar- 10 inevitable
über gibt es noch heute geteilte Meinungen. Gewiß ist
nur, daß er ihn nicht fürchtete.

    Prinz Leopold war ein friedliebender Mann. Seinet-
wegen sollte es keinen Krieg geben und so verzichtete° renounced
er auf den Thron der Spanier. Bismarck war ent- 15
täuscht, ja wütend.° Er hatte eine diplomatische Nie- angry
derlage erlitten. „Wir hatten die französische Ohrfeige° slap in the face
weg", schrieb er später darüber. So enttäuscht war er,
daß er wieder einmal an Rücktritt dachte. Man berichtete ihm, daß die Frau seines Königs bei dieser 20
Entscheidung Leopolds eine Rolle gespielt hatte. An-
geblich° hatte sie unter Tränen° ihren Mann gebeten, allegedly / tears
Krieg zu vermeiden.° Bismarck glaubte dies, „bis auf to avoid
die Tränen", schrieb er darüber in seinem Buch *Gedanken und Erinnerungen*. 25

    Der Verzicht Leopolds auf den spanischen Thron
war noch nicht das Ende dieser Krise. Frankreichs
Außenminister Gramont wollte noch mehr für das
Prestige seines Landes tun. Er wollte Preußen, König
Wilhelm I. und Bismarck demütigen. Gramont befahl° 30 ordered
dem französischen Botschafter in Preußen, zwei Forderungen an Wilhelm I. zu stellen: 1. Wilhelm I. soll
den Verzicht Leopolds öffentlich billigen;° 2. der to approve
preußische König soll garantieren, daß kein Hohen-
zoller in Zukunft für den spanischen Thron kandidieren 35
wird. Am 13. Juli 1870, als Wilhelm auf der Promenade

des Kurbades° Ems spazieren ging, stellte Botschafter   health resort
Benedetti diese Forderungen. Solche Forderungen
waren eine Beleidigung für Preußen und dessen König.
Das sollten sie auch sein.

War der arrogante Gramont, den Bismarck einmal
privat ein „Rindvieh"° genannt hatte, zu weit gegan-   blockhead
gen? Wilhelm I. schickte nach der sehr unkonventionel-
len Unterredung° mit Benedetti ein Telegramm an   talk
Bismarck. Er informierte darin seinen Kanzler über die
französischen Forderungen. Der König gab Bismarck
auch die Erlaubnis,° den Inhalt dieser „Emser De-   permission
pesche" zu veröffentlichen.° Wilhelm I. hatte die For-   publish
derungen Frankreichs abgelehnt. Er fand sie nicht nur
unannehmbar,° sondern auch unverschämt.° „Hat man   unacceptable /
je eine solche Insolenz gesehen?" sagte der König,   insolent
nachdem er Benedetti auf der Promenade fortgeschickt
hatte. Als der französische Botschafter kurz darauf um
eine weitere Unterredung mit Wilhelm bat, lehnte der
König ab. Beide Seiten wußten, daß dies eine Ver-
schärfung° der Krise war. Über den nächsten Schritt   aggravation
war man sich jedoch weder in Paris noch in Berlin im
klaren. Preußens Kanzler änderte diesen Zustand° sehr   condition
schnell.

Bismarck bekam die „Emser Depesche", als er mit
den Generälen von Moltke und von Roon beim Essen
saß. Die drei Herren waren wegen der diplomatischen
Niederlagen der vergangenen Wochen in schlechter
Stimmung.° Als sie das Telegramm ihres Königs lasen,   mood
besserte sich ihre Stimmung sofort. Bismarck erkannte
sofort die goldene Gelegenheit, die sich hier bot. Er
kürzte° die „Emser Depesche" und gab sie an die   shortened
deutsche Presse weiter. Bismarck hatte an dem Inhalt°   content
dieses Telegrammes nichts verändert und nichts hin-
zugefügt.° Er hatte die „Emser Depesche" nicht ge-   added
fälscht, wie später seine Feinde oft behaupteten.° Wahr   claimed
ist jedoch, daß seine Kürzung des Textes die Ereignisse

in Ems noch beleidigender darstellte°, als sie es waren. — presented

Der Kanzler bekam auf seine Fassung° der „Emser Depesche" die Reaktion, die er erwartet hatte. Überall in Deutschland — nicht nur in Preußen — sah man in Frankreichs Forderungen eine Verletzung der deutschen Ehre. Diese Forderungen vereinigten den deutschen Norden und Süden. Bismarck erreichte mit seiner Depesche, was er beabsichtigt hatte. Der Gegner mußte nun Stellung nehmen und sollte sich dabei ins Unrecht setzen.° Wenn es Krieg geben sollte, mußte ihn Frankreich beginnen. Mit einem Angriff von seiten Frankreichs hatte Bismarck gerechnet. Nord- und Süddeutschland hatten einander versprochen, sich gemeinsam gegen den Angreifer zu verteidigen. — wording; sich... thereby put themselves in the wrong

Was hatte Napoleon III. kurz vor dieser Krise gesagt: „Ich werde nur Krieg führen, wenn ich die Hände voller Bündnisse habe." Jetzt stand Frankreich allein gegen den Norddeutschen Bund und alle süddeutschen Staaten. Österreich blieb neutral. Nur die Türken und Schweden sprachen von alter Freundschaft für den französischen Kaiser ... Napoleon III. hatte in den letzten Jahren viele freundliche Briefe von anderen Monarchen erhalten — aber keine Bündnisse.

Am 15. Juli fuhr Wilhelm I. von Ems nach Berlin. Es wurde ein Triumphzug°. „Es ist ein Nationalgefühl, wie man es niemals so allgemein erlebt hat", schrieb er seiner Frau. In München jubelte man auch, als der bayrische König seine Truppen mobilisierte. Und in Paris rief man auf den Straßen: „à Berlin, à Berlin." Überall begeisterte man sich° für einen Krieg, den angeblich niemand wollte. Am 19. Juli 1870 erklärte° Frankreich den Krieg. Der Konflikt, der den Deutschen ihr Zweites Reich bringen sollte, hatte begonnen. — triumphal procession; people became excited; declared

EXERCISES

I. (a) Reply to each question with a **daß**-sentence using the cue words.

> Example: Was bestätigte man Bismarck mit der „Indemnität"?
> (Verfassung / nicht / verletzen)
> **Man bestätigte Bismarck, daß er die Verfassung nicht verletzt hatte.**

1. Was überraschte viele? (Bismarck / allgemeine Wahlrecht / vorschlagen)
Viele überraschte, daß ...
2. Was erlaubte der Kanzler gern? (sächsische König / Gesandte / Ausland / haben)
Der Kanzler erlaubte, daß ...
3. Worüber war Frankreich nicht froh? (ab 1867 / Zollverein / zwischen / Norddeutsche Bund / süddeutsche Staaten / es gibt)
Frankreich war nicht froh, daß ...
4. Wofür hatte Bismarck Verständnis? (Frankreich / gegen / vereintes Deutsches Reich / sein)
Bismarck hatte Verständnis dafür, daß ...
5. Worüber war Bismarck enttäuscht? (Prinz Leopold / spanischen Thron / verzichten auf / wollen)
Bismarck war enttäuscht, daß ...
6. Was wußten beide Seiten nach der „Emser Depesche"? (Krieg / nahe / sein)
Sie wußten, daß ...

(b) Answer each question with a statement of your own choice.
1. Wie hatte Bismarck die Heeresreform finanziert?
2. Was hielt Bismarck vom Deutschen Bund?

3. Was hielten die Süddeutschen von Bismarcks Norddeutschem Bund?
4. Warum konnte Napoleon III. nicht der „lachende Dritte" sein?
5. Wer waren die Gegner Preußens in Süddeutschland?
6. Warum war Bismarck so gern in Varzin?
7. Warum wollte Frankreich den Prinzen Leopold von Hohenzollern-Sigmaringen nicht auf dem spanischen Thron?
8. Warum war Leopold bereit, auf den spanischen Thron zu verzichten?
9. Welche Forderungen stellte Frankreich an Wilhelm I., nachdem Leopold verzichtet hatte?
10. Was erreichte Bismarck mit seiner „Emser Depesche"?

II. Supply the separable prefixes:
1. Viele Liberale gingen in Bismarcks Lager ———.
2. 22 Staaten schlossen sich dem neuen Bund ———.
3. Bismarck schlug ein allgemeines Wahlrecht ———.
4. Er lehnte den Vorschlag ———.
5. Bismarck schloß mit den süddeutschen Staaten ein Bündnis ———.
6. Frankreich fing den Krieg ———.
7. Die Spanier boten Leopold ihren Thron ———.
8. Wilhelm ging auf der Promenade ———.
9. Dieser Text stellte die Ereignisse anders ———.
10. Bismarck gab die Depesche an die Presse ———.

III. Put all the sentences in exercise II into the present perfect.

IV. Restate all the sentences in excercise II using a correct form of **wollen** in the present tense.
　　Example: **Viele Liberale wollen in Bismarcks Lager übergehen.**

V. Rewrite each sentence, replacing the italic word with a synonym taken from the following list:

54　BISMARCK

geben, mitkommen mit, vorkommen, notwendig, sprechen über, kontrollieren, glücklich sein, gründen, nicht einverstanden sein; machen, was man will; erwidern, bekommen.

    Example: Ich habe den Brief *erhalten*.
    Ich habe den Brief bekommen.

1. Sie fanden es nicht *nötig*.
2. Die Historiker *diskutieren* noch heute dar*über*.
3. Er wollte *sich* dort Freunde *schaffen*.
4. Bismarck *lehnte* diesen Vorschlag *ab*.
5. Frankreich *war* nicht *froh* darüber.
6. Bismarck hat den Norddeutschen Bund *geschaffen*.
7. Der Kanzler *begleitete* seinen König zur Weltausstellung.
8. Er *antwortete* ihm auf die Frage.
9. Man *ließ* ihn Luxemburg nicht *haben*.
10. Eine Einkreisung durfte *sich* nicht *wiederholen*.
11. Jeder *ging seine eigenen Wege*.
12. Bismarck *hatte* nun *alles in der Hand*.

VI
DER LETZTE SCHRITT ZUR REICHSGRÜNDUNG°:   creation of the empire

Der Deutsch-Französische Krieg von 1870-71

Wer hatte wirklich die Schuld an diesem Krieg? Darüber diskutieren noch heute die Historiker. Eins ist sicher: Sowohl Napoleon III. als auch° Bismarck hielten ihn für notwendig; und beide glaubten, ihn zu gewinnen. Napoleon III. rechnete mit einem kurzen Krieg auf deutschem Boden.° So sicher waren die französischen Generäle ihrer Sache, daß sie an ihre Truppen gar keine Karten° Frankreichs ausgaben. Die preußischen Generäle hatten solche Karten — und konnten sie gut gebrauchen. Sieben Wochen nach Beginn des Krieges war der Kaiser der Franzosen ein Gefangener° der Deutschen. Bei Metz und Sedan kapitulierte ein großer Teil der französischen Armee. Wie erklärte sich der schnelle Sieg der Deutschen? Vor allem durch die gute Organisation der deutschen

    Napoleon III as well as

    soil

    maps

    prisoner

Armee und Moltkes elastische Strategie. Die Franzosen hatten nur einen, sehr starren° Plan. Als sie diesen nicht ausführen konnten, gab es große Verwirrung.° Napoleon III. erkannte zu spät, wie sehr er seine Armee überschätzt° hatte.

Der Krieg war mit der Kapitulation bei Metz und der Gefangennahme° des französischen Kaisers noch nicht zu Ende. In Paris rief man die Republik aus;° dort hielt man den Krieg noch nicht für verloren. Als die deutschen Truppen die französische Hauptstadt belagerten,° flüchtete der Innenminister Gambetta in einem Luftballon aus der Stadt und organisierte ein Volksheer von etwa 800 000 Mann. Es dauerte noch mehrere Monate, bis auch das republikanische Frankreich kapitulieren mußte.

Bismarck war im Juli 1870 auch in den Krieg gezogen.° Er hatte es eilig,° an die Front zu kommen. Als sein Wagen einmal nicht weiterfahren konnte, da die Straße verstopft° war, öffnete er sich mit der Pistole in der Hand selbst den Weg. „Das ist zwar nicht sehr würdig° für einen deutschen Bundeskanzler, aber wirksam",° erklärte er dem amerikanischen General Sheridan.[1] Bismarcks beide Söhne dienten als einfache Soldaten. Er machte sich große Sorgen° um sie. „Kinder verlieren ist schlimmer° als selbst sterben", hatte er einmal gesagt. An einem Abend im August dieses Jahres meldete man ihm den Tod seines Sohnes Herbert. Er setzte sich sofort aufs Pferd und ritt die ganze Nacht, um seinen Sohn zu finden. Als er Herbert am nächsten Tag nicht tot, sondern nur mit einem Schuß durch das Bein auf einem Strohlager° fand, sprach er nur ein inniges° „Danke". Herberts Bruder Bill war in der Schlacht vom Pferd gestürzt, aber unverletzt° ge-

rigid
confusion

5 overestimated

capture
rief aus proclaimed

besieged

in... gone to war / was in a hurry
blocked

dignified
effective

machte... was very worried
worse

bed of straw
profound
uninjured

---

[1] Philip Henry Sheridan (1831–1888), a Union general in the Civil War, was a military observer with the Prussian army in the Franco-Prussian War.

Bismarcks Unterredung mit dem französischen Kaiser Napoleon III. bei Sedan (1870)

blieben. ,,Was ist das größte Glück Ihres Lebens gewesen?" fragte man Bismarck viele Jahre später. ,,Daß man mir keins meiner Kinder genommen hatte", antwortete der alte Mann.

Am 2. September 1870 sprach Bismarck in einem kleinen Arbeiterhaus bei Sedan mit dem gefangenen französischen Kaiser. Der deutsche Kanzler war dabei so höflich° und respektvoll, daß man ihn dafür in der deutschen Presse kritisierte. ,,Ich konnte nur über nichtssagende° Dinge Konversation machen", berichtete Bismarck seinem König von dieser Unterredung. Bismarck wollte nicht über Dinge sprechen, die mit der Niederlage Frankreichs zu tun hatten. Napoleon III., der krank und traurig aussah, war ihm dafür dankbar. Der deutsche Kanzler behandelte den

° polite

° insignificant

besiegten französischen König auch später sehr ritterlich.° Napoleon III. bekam Schloß Wilhelmshöhe bei chivalrously
Kassel als Wohnsitz.° Bismarck hatte für die ritter- place of residence
liche Behandlung seines Gegners auch politische Mo-
tive: „Die Franzosen müssen ungewiß° bleiben, ob sie 5 uncertain
ihn wiederbekommen; das fördert° ihre Zwistigkei- feeds
ten",° meinte er. Bismarck wollte sein Bestes tun, die quarrels
Zwistigkeiten zwischen dem monarchistischen und dem
republikanischen Frankreich zu vergrößern. In diesem
Fall war dann Deutschland der „lachende Dritte". 10

Seine eigenen Mitarbeiter behandelte Bismarck zu
dieser Zeit nicht so höflich wie den gefangenen Gegner.
Er schimpfte° vor allem über die „Halbgötter° des grumbled / demigods
Militärs" und über den „militärischen Boykott". Die
Generäle hatten ihn von aller militärischen Planung 15
ausgeschlossen.° „Die Herren vom Militär machen mir barred
meine Geschäfte schrecklich schwer. Sie reißen sie an
sich,° verderben° sie und mich trifft die Verantwor- **Sie...** they arro-
tung",° klagte er. Die Offiziere hingegen klagten über gate them / spoil
den „Zivilbeamten, der sich in unsere Sachen ein- 20 **mich...** I have the
mischen will". Streit gab es vor allem über das Schick- responsibility
sal° der französischen Hauptstadt. Bismarck wollte den fate
Krieg möglichst schnell beenden, da er die Einmischung neutraler Mächte fürchtete. Er wollte Paris
beschießen und dann einnehmen.° Die Generäle hin- 25 occupy
gegen glaubten, Zeit zu haben; sie wollten die große
Stadt aushungern.° Sie wußten, daß in der belagerten to starve
Stadt große Hungersnot herrschte.° Dort aß man be- famine prevailed
reits Ratten und schlachtete die Tiere des Zoos. Die
Pariser litten auch unter der Kälte, da es fast nichts 30
zum Heizen° gab. Man hatte bereits die schönen for heating
Bäume der Champs Élysées[2] gefällt.° cut

---

[2] Die Champs Élysées: The most celebrated avenue in Paris, leading from the Place de la Concorde to the Arc de Triomphe, and lined with well-known cafés, shops, and theaters.

Bismarck sah im Plan seiner Generäle wieder eine Intrige der Königin und der Kronprinzessin. Er hatte erfahren, daß die beiden Damen gegen seinen Plan gesprochen hatten. „Die hohen Damen sind für die humane Art des Aushungerns", schrieb er sarkastisch an seine Frau. Seine Abneigung° gegen Frauen, die Politik machen, war immer groß gewesen. Nun war sie noch größer.

Um den Krieg schnell zu beenden, hielt Bismarck manchmal auch Terror für berechtigt.° So gab er einmal den Befehl, auf Frauen und Kinder zu schießen, falls die militärische Lage es erforderte.° „Das werden deutsche Soldaten nicht tun", sagte ihm ein Offizier. Bismarck antwortete: „Dann muß man die Soldaten erschießen, die nicht Ordre parieren."° Dieser „andere", grausame Bismarck schrieb damals: „Ich lege dem Menschenleben keinen großen Wert bei,° weil ich an eine andere Welt denke." „Totaler Krieg", also auch Krieg gegen die Zivilbevölkerung, war nicht Bismarcks Erfindung.° Er wußte zum Beispiel, daß der amerikanische General Sheridan das Konzept des totalen Krieges im amerikanischen Bürgerkrieg angewandt° hatte. Jener General Sheridan, der nun als Beobachter° im preußischen Hauptquartier weilte.°

Nicht alles, was Bismarck zu dieser Zeit schrieb und sagte, darf man auf die Goldwaage legen.° Obwohl der Kanzler ein starker und vitaler Mensch war, ging der Winter 1870/71 fast über seine Kräfte. In einer Villa nahe bei Versailles, wo er während der Belagerung von Paris wohnte, arbeitete er täglich 18–20 Stunden. Oft konnte er nicht schlafen; dann ritt er allein in die Nacht hinaus. Er war müde, oft krank und leicht irritiert. Seine Mitarbeiter hatten es nicht leicht mit ihm. Der sonst° höfliche Kanzler verlor in diesen Wochen oft seine Beherrschung.° Sein Mitarbeiter Keudell kannte ein Mittel, das dem Kanzler half: die

Musik. Keudell ließ ein Klavier in den Salon bringen. Dort spielte er am Abend für seinen Chef. Musik machte Bismarck wieder „freundlich und menschlich", berichtet uns Keudell.

 Einmal wollte der König Bismarck nicht empfangen.° In diesem Augenblick sah Bismarck den Hofmarschall° in das Zimmer des Königs gehen. „Was, der wird empfangen und ich nicht? Das mag mitmachen,° wer will. Ich fahre nach Hause", schimpfte der wütende Kanzler und ging schnell aus dem Haus. Der König, der Bismarcks Worte gehört hatte, ließ ihn sofort rufen. Der Kanzler kam zurück und begrüßte seinen König höflich, ohne ein Wort über den Zwischenfall° zu sagen. Als die Audienz zu Ende war, setzte er sich auf ein Sofa im Vorzimmer und weinte.

 Bismarck hatte in diesen Wochen nicht nur mit den Generälen Konflikte, sondern auch mit seinem König. Wilhelm I. sah die Niederlage° Frankreichs wieder als Soldat; Bismarck sah sie als Staatsmann. Wilhelm I. hatte diesen Krieg nicht gewollt; aber den Sieg wollte er voll nutzen. Bismarck hatte keinen militärischen Ehrgeiz,° sondern nur politische Ziele. Er wollte Frankreich schwächen, aber nicht unnötig demütigen. Er wußte: Eine Demütigung ist nicht nur unfair, sondern auch politisch unklug.° Elsaß-Lothringen wurde ein Teil Deutschlands. Bismarck sah darin keinen Gewinn, doch konnte er die Annexion nicht verhindern.° Zuviele Deutsche sahen in dieser Annexion eine politische Notwendigkeit und eine patriotische Pflicht.° Dagegen konnte sich auch der Kanzler nicht stellen. Aber er sagte während der Verhandlungen über einen Frieden: „Ich mag nicht so viele Franzosen in unserem Haus, die nicht darin sein wollen." Bismarck sah in dieser Annexion eine schwere Hypothek° für das neue Deutschland. Die Geschichte der folgenden Jahrzehnte gab ihm recht.° Der Streit um Elsaß-Lothringen

belastete° die deutsch-französischen Beziehungen in — burdened
späteren Jahrzehnten. „Wir müssen die Elsässer vom
französischen Joch° befreien", hatten die deutschen — yoke
Nationalisten 1870 gerufen. Der Staatsmann Bismarck
wußte hingegen:° Es lohnt sich nicht,° Menschen zu — on the other hand / It's not worth it
befreien, die nicht befreit sein wollen.

Schon während des deutsch-französischen Krieges
führte Bismarck Verhandlungen mit den deutschen
Fürsten. Es ging um die Gründung eines gemeinsamen
Reiches. Das deutsche Volk war dazu bereit, aber noch
nicht alle deutschen Fürsten. „Aber, nicht wahr,° in — isn't it so
den Norddeutschen Bund treten wir nicht ein", sagte
der bayrische König Ludwig II. noch im September
1870 zu einem Minister Württembergs. Wenige Monate später traten sie alle ein, dank der diplomatischen
Kunst Bismarcks. Taktvoll und geduldig hörte der
preußische Kanzler auf die Wünsche der verschiedenen
deutschen Staaten und ihrer Herrscher. Er erfüllte sie,
solange sie der Gründung des gemeinsamen Reiches
nicht im Wege standen.° Der bayrische König blieb — were not in the way
oberster Kommandant der bayrischen Armee — in
Friedenszeiten; Bayern durfte seine eigene Biersteuer° — beer tax
haben; Württemberg sein eigenes Verkehrswesen° und — traffic system
seine eigenen Briefmarken.° Wenn es um Formalitäten — stamps
ging, war Bismarck großzügig;° wenn es um die Macht — generous
ging, war er geizig.° — stingy

Bismarck verhandelte einzeln mit jeder Delegation
der deutschen Staaten. Keine wußte genau von der
anderen, welche Wünsche ihnen der Kanzler erfüllt
oder nicht erfüllt hatte. So hatte es Bismarck geplant.
Für den Fall, daß es Schwierigkeiten geben sollte, hatte
er auch vorgesorgt:° Er hatte Kisten° mit kompromit- — made provisions / boxes
tierender Korrespondenz zwischen den süddeutschen
Staaten und Napoleon III. zur Hand. Deutsche Soldaten hatten diese Korrespondenz während des Krieges
in Frankreich gefunden. Der Kanzler war ihnen sehr

dankbar dafür. In dieser Korrespondenz stand manches, was nicht zum deutschen Patriotismus paßte. Und welcher deutsche Fürst wollte zu dieser Zeit nicht deutscher Patriot sein!

Der preußische Kronprinz war für Gewalt,° falls sich gewisse deutsche Fürsten gegen die Vereinigung stellen sollten. Darin lag eine gewisse Ironie, denn bisher hatte der Kronprinz immer in Bismarck den Gewaltmenschen° gesehen. Jetzt hatte Bismarck die Macht — und war gegen die Gewalt. Solange sie nicht notwendig war ...

Besonders schwierig war der Fall Bayern. Nirgends° zeigte sich der deutsche Partikularismus stärker als in diesem Staat. Aber ein vereintes Deutschland ohne diesen wichtigsten der deutschen Südstaaten — das war für Bismarck undenkbar. Er handelte nach dem Motto: „Häßlich° ist das Mädchen, aber geheiratet muß es werden." Bismarck gelang, was viele für unmöglich gehalten hatten: Bayern war bereit, ein Teil des Deutschen Reiches zu werden. Ja, sein König Ludwig II. schrieb sogar einen Brief, in dem er Wilhelm I. zur Annahme° der Kaiserkrone aufforderte. Allerdings° nicht ganz freiwillig, sondern unter „sanftem" Druck.° Bismarck hatte einen bayrischen Diplomaten mit einem „Vorschlag" für einen solchen Brief nach München geschickt. Darin stand viel von bayrischen Sonderrechten° und deutscher Solidarität. Der bayrische Diplomat sprach aber auch von gewissen Gefahren für den bayrischen König, falls Ludwig II. den Brief nicht schreiben sollte: vom Verlust° des Thrones, Exil und Revolution. Der bayrische König wußte, was er zu tun hatte. Er schrieb den Brief, den Bismarck wünschte.

Am 24. September 1870 trank Bismarck bereits mit seinen Mitarbeitern auf° die deutsche Einheit. „Die deutsche Einheit ist gemacht, und der Kaiser auch",

5 force

tyrant

nowhere

ugly

acceptance
indeed
pressure

special privileges

30 loss

35 **trank auf** drank to

sagte er zu ihnen, als sie mit Champagner anstießen.° — toasted
Er hatte die Verhandlungen mit den deutschen Fürsten erfolgreich beendet. Knapp fünf Monate später, am 18. Januar 1871, folgte im Spiegelsaal° von Versailles die Proklamation Wilhelms I. zum Deutschen Kaiser. Alle deutschen Fürsten waren anwesend.° Es war ein großer Moment für Deutschland. Das „Zweite Reich" der Deutschen war Wirklichkeit geworden. Zum ersten Mal seit dem frühen Mittelalter° gab es wieder ein vereinigtes Reich. Unter den anwesenden Offizieren war ein junger Leutnant namens Paul von Hindenburg. Jener Hindenburg, der 62 Jahre später als Präsident der Weimarer Republik[3] den Beginn des „Dritten Reiches" erleben° mußte. Der Führer des Dritten Reiches hieß Adolf Hitler. — hall of mirrors / present / Middle Ages / experience

Vor der Proklamation in Versailles gab es noch Streit zwischen Bismarck und seinem König. Es ging um den neuen Titel des Monarchen. Wilhelm I. wollte lieber „Großkönig von Preußen" sein als deutscher Kaiser. Es war für Wilhelm I. schwer, vom preußischen Titel Abschied zu nehmen. Er wollte auch im neuen Deutschland Preuße bleiben. Schließlich war Wilhelm I. bereit, den Titel „Deutscher Kaiser"[4] anzunehmen. Wilhelm schlug aber vor, ihn bei der Proklamation „Kaiser von Deutschland" zu nennen. Bismarck war gegen diesen Vorschlag. „Kaiser von Deutschland" — das klang nach territorialen Ansprüchen° von seiten des preußischen Königs; das wollte der Kanzler vermeiden.° — claims / to avoid

Weder der König noch Bismarck wollten in dieser Frage nachgeben. Bleich° und nervös erschienen sie beide im Spiegelsaal. Der Großherzog° von Baden fand im letzten Augenblick einen Kompromiß. Er — pale / grand duke

[3] Die Weimarer Republik: Name of the German Republic after World War I (1919–1933).
[4] Deutscher Kaiser: The official title of William I after the proclamation.

Proklamation Wilhelms I. zum Deutschen Kaiser am 18. Januar 1871 im Spiegelsaal des Schlosses Versailles

rief bei der Proklamation: „Ein Hoch auf° den Kaiser Wilhelm!" Dann las Bismarck die Proklamation. Wilhelm I. war immer noch böse° auf seinen Kanzler. Nach der Proklamation schüttelte er viele Hände; an seinem Kanzler ging er vorbei. Es war ein schmerzlicher° Augenblick für Bismarck, aber er verkleinerte nicht seinen Triumph als Staatsmann. Deutschland und die Welt wußten: Das neue Reich war sein Werk.

„Diese Kaisergeburt war eine schwere", schrieb Bismarck nach der Proklamation seiner Frau. „Ich kann Dir nicht sagen, in welcher morosen Emotion ich in diesen letzten Tagen war", klagte Wilhelm zur selben Zeit seiner Frau. Der neue Kaiser und sein Kanzler blieben einander nicht lange böse. Bismarck schrieb später in seinen *Gedanken und Erinnerungen*, daß "die gegenseitigen° Beziehungen wieder in das alte Geleise° kamen". Beide wußten wohl: Das neue Deutschland brauchte die "alten Geleise" dieser Partnerschaft.

    Erst im Februar 1871 unterschrieben° die besiegten Franzosen den Friedensvertrag. Bismarck sorgte dafür, daß die Besetzung° der Stadt Paris nur drei Tage dauerte. Sein Monarch, der preußische Soldat, bedauerte° dies. Bismarck ritt mit den deutschen Truppen in Paris ein. Ein Franzose rief ihm zu: "T'es une fameuse canaille" (du bist ein berüchtigter Schurke).° Bismarck tat nichts gegen diese Beleidigung; er bewunderte° den Mut dieses Mannes. Einen anderen Franzosen, der ihn besonders haßerfüllt ansah, bat er um Feuer.° Er bekam es.

    Wilhelm I. blieb seinem Kanzler trotz des "Titelstreites" seinen Dank nicht schuldig.° Er machte Bismarck zum Fürsten von Lauenburg[5] und schenkte ihm das Gut Friedrichsruh in der Nähe von Hamburg. Friedrichsruh war zehnmal so groß wie sein Gut Varzin. Die riesigen° Wälder seines neuen Besitzes hatten einst Karl dem Großen gehört. Jetzt gehörten sie wieder einem Mann, den die ganze Welt kannte. Im fernen Amerika nannte man ein Eisenbahnzentrum° nach ihm. Der magische Name Bismarck sollte deutsche Einwanderer° und deutsches Kapital nach Bismarck, North Dakota, bringen.

    "Mein Vaterhaus ist Preußen, und ich werde mein

---

[5] Lauenburg: The Duchy of Lauenburg, which grew out of the country of Ratzeburg, became a part of Prussia in 1865. It is named after the town of Lauenburg on the lower Elbe river.

Vaterhaus noch nicht verlassen." Diese Zeilen hatte Bismarck im Jahre 1849 geschrieben. So dachte und fühlte er auch noch als Kanzler des neuen Deutschen Reiches. Bismarck blieb Preuße. Ein Preuße, auf den nun ganz Deutschland hören mußte; ein Preuße, der ganz Deutschland dienen wollte.

EXERCISES

I. Change each sentence into a question.

> Example: Die Franzosen hatten nur einen, sehr starren Plan.
> **Hatten die Franzosen nur einen, sehr starren Plan?**

1. Bismarck war im Juli 1870 auch in den Krieg gezogen.
2. Bismarck wollte nicht über diese Dinge sprechen.
3. Dort spielte er am Abend für seinen Chef.
4. Wenige Monate später traten sie alle in den Bund ein.
5. Wenn es um die Macht ging, war er geizig.
6. Besonders schwierig war der Fall Bayern.
7. Der bayrische König wußte, was er zu tun hatte.
8. Vor der Proklamation in Versailles gab es noch Streit zwischen Bismarck und seinem König.
9. Einen anderen Franzosen, der ihn besonders haßerfüllt ansah, bat er um Feuer.
10. In Paris rief man die Republik aus.

II. Use these verbs and expressions in a short sentence:
1. halten für
2. sich Sorgen machen um
3. sprechen über (acc.)
4. über seine Kräfte gehen
5. recht geben
6. es lohnt sich

7. es geht um (acc.)
8. es steht in (dat.)
9. es gelingt (dat.)
10. sorgen für
11. schimpfen über (acc.)
12. leiden unter (dat.)
13. „der lachende Dritte"
14. klagen über (acc.)
15. sich stellen gegen

III. Change the word order in the following sentences:
Example: Bismarck war im Juli 1870 auch in den Krieg gezogen.
Im Juli 1870 war Bismarck auch in den Krieg gezogen.
(or) **Auch Bismarck war im Juli 1870 in den Krieg gezogen.**

1. Er setzte sich sofort aufs Pferd.
2. Streit gab es vor allem über das Schicksal der französischen Hauptstadt.
3. Dagegen konnte sich auch der Kanzler nicht stellen.
4. So hatte es Bismarck geplant.
5. Am 24. September 1870 trank Bismarck bereits mit seinen Mitarbeitern auf die deutsche Einheit.
6. Wilhelm I. war immer noch böse auf seinen Kanzler.
7. Die riesigen Wälder seines neuen Besitzes hatten einst Karl dem Großen gehört.

IV. Ask a question about the person, event, topic, or item mentioned. Start with the interrogative word or words given in parentheses.
1. die Schuld am deutsch-französischen Krieg von 1870/71 (wer?)
2. die Gefangennahme Napoleons III. (wann?)
3. die Flucht (escape) des französischen Innenministers Gambetta aus Paris (wie?)

4. Bismarcks Unterredung mit Napoleon III. (wo?)
5. Bismarcks Klage (complaint) über die Generäle (warum?)
6. der Plan der Generäle (was?)
7. Bismarcks Verhandlungen mit den deutschen Fürsten (mit wem?)

V. Answer the questions formulated in exercise IV.

VII
DER KULTURKAMPF

Das neue Deutsche Reich war der erste Nationalstaat des deutschen Volkes in dessen moderner Geschichte. Bismarck hatte von „oben" geschaffen, was
1848 von „unten" nicht gelungen war. Drei Kriege
hatten ihm geholfen, das neue Reich zu bauen. Drei 5
Kriege hat er gebraucht, sagten seine Kritiker. Nun
sollte ein langer Friede helfen, es zu erhalten° und zu   preserve
stärken.
   Der neue Staat war mächtig.° Er hatte 41 Millionen   powerful
Menschen, eine starke Armee und eine schnell wach- 10
sende Industrie. Wer kann es wagen,° unser Reich zu   dare
bedrohen? fragten damals manche Deutsche. Bismarck
teilte diesen Optimismus nicht. Er sprach nicht von
einem „Tausendjährigen Reich", wie zwei Genera-
tionen später Adolf Hitler. Stark zu sein, war ihm nicht 15
genug; stark zu bleiben, war sein nächstes Ziel. Bismarck wußte aus der Außenpolitik: der Stärkere hat
bessere Chancen auf den Frieden als der Schwache.

Dieses Prinzip wollte er auch in der Innenpolitik anwenden.° Niemand sollte die Autorität und die Stärke des neuen Staates gefährden. Wer es doch tat, wurde sein Feind. Diese Einstellung° mußte zu Konflikten führen; sie ließen nicht lange auf sich warten.

Der erste dieser Konflikte war der „Kulturkampf". Der Name ist irreführend,° denn mit Kultur hat dieser Kampf nichts zu tun. Es ging um die Macht zwischen Kirche und Staat. Das war kein neues Problem in der deutschen Geschichte. Im Mittelalter hatte es den Investiturstreit° zwischen den römischen Päpsten und den deutschen Kaisern gegeben. In der „Gründerzeit"° — das war das erste Jahrzehnt des neuen Reiches[1] — war es der Konflikt zwischen der katholischen Kirche und dem protestantischen Staat Bismarcks.

Im Juli des Jahres 1870 verkündete° ein ökumenisches Konzil der katholischen Kirche das Dogma der päpstlichen Unfehlbarkeit.° Bismarck sah darin zunächst° eine interne Sache dieser Kirche und nahm nicht Stellung° dazu. Als der deutsche Gesandte in Rom einen Protest der deutschen Regierung gegen das neue Dogma vorschlug, antwortete Bismarck nur: „Man soll nie protestieren, wenn man nicht die Macht hat, das zu verhindern, wogegen man protestiert." Der Kanzler respektierte nicht nur die Macht des Vatikans; er dachte auch an die Millionen Katholiken, die es in seinem Staat gab. Er wünschte wegen dieser Sache keinen Konflikt im deutschen Volk; er wollte neutral bleiben. Aber bald mußte er sehen, daß dies nicht möglich war.

Eine kleine Gruppe von deutschen Katholiken lehnte das Dogma der päpstlichen Unfehlbarkeit ab. Es kam zu scharfen Debatten zwischen Theologen, die für oder gegen das neue Dogma waren. Im Jahre 1871

---

[1] Gründerzeit: Some historians apply this term only to the period 1871–73.

exkommunizierte der Papst Pius IX. den Führer der
Gruppe, die gegen das neue Dogma gesprochen hatte:
Ignaz von Döllinger. Döllingers Anhänger° nannten
sich nun „Altkatholiken"² und lehnten auch weiterhin
die päpstliche Unfehlbarkeit ab. Nun verbot die 5
Kirche den altkatholischen Lehrern, in den Schulen
katholische Religion zu lehren. Die Altkatholiken erklärten darauf: Wir sind Staatsbeamte. Nicht die
Kirche, sondern der Staat entscheidet, ob wir lehren
dürfen. Jetzt mußte Bismarcks Regierung entscheiden. 10
Der Kanzler konnte nicht mehr neutral bleiben. Die
Entscheidung° wurde zu einer politischen Frage, zu
der auch die Parteien Stellung nahmen. Der Kulturkampf hatte begonnen.

Im Mittelpunkt° des Kulturkampfes standen zwei 15
Parteien des Reichstages: die Nationalliberale Partei
und die Zentrumspartei. Die Nationalliberale Partei
hatte den Kanzler schon vor der Reichsgründung in
Preußen unterstützt.° Sie identifizierte sich gern mit
ihm — aber er sich nicht mit ihr. Bismarck mißtraute 20
allen Parteien; er wollte sich an keine binden, sondern
immer über den Parteien stehen. In der Zentrumspartei sah er einen gefährlichen Gegner. Diese Partei
unterstützte oft die Interessen jener Minderheiten°
Deutschlands, denen Bismarck besonders mißtraute: 25
Elsässer, Polen, Dänen. Es war eine klerikale, doch
heterogene Partei, der Menschen aus allen Ständen
und allen Religionen angehörten.° Im „Fall Döllinger"
stellte sich das Zentrum klar auf die Seite des Vatikan.
Also auf die Seite einer ausländischen° Macht. So sah 30
jedenfalls der Kanzler die Sache. „Die Stimmgabel°
für diesen Ton ist in Rom zu suchen", bemerkte er

---

² Die Altkatholiken: Döllinger never intended that the Old Catholics should become a separate sect. Nevertheless, the Old Catholic movement is still in existence
today.

bitter über diese Einigkeit zwischen dem Zentrum und dem Vatikan.

Bismarck war tolerant in religiösen Fragen, solange sie nicht die Interessen des Staates gefährdeten. Er dachte ähnlich wie sein Vorbild° Friedrich der Große:[3] „In meinem Staat kann jeder auf seine Façon selig werden."° Ab Sommer 1871 sah er in der Allianz zwischen dem Zentrum und dem Vatikan eine Gefahr für die Autorität seiner Regierung. Eine solche Allianz und eine solche Partei wollte er zerschlagen.° Schritt für Schritt ging die Regierung gegen die Kirche vor.° Im Namen der Trennung° von Staat und Kirche erließ sie in den Jahren von 1871 bis 1875 eine Reihe von antiklerikalen Gesetzen.° Der Kultusminister Adalbert Falk und die Nationalliberale Partei waren die treibenden Kräfte dieser Gesetzgebung.° Bismarck und der Kaiser sahen darin nicht einen Kampf des Staates gegen kirchliche° Rechte, sondern den Schutz des Staates gegen die Übergriffe° der Kirche und einzelner Parteien. „Nach Canossa[4] gehen wir nicht, weder körperlich noch geistig",° sagte der Kanzler. Nun schien sich zu verwirklichen, was er schon zwei Jahrzehnte früher erwartet hatte. Im Jahre 1852 hatte er in einem Brief geschrieben: „Der eroberungslustige° Geist im katholischen Lager wird uns auf die Dauer° nicht die Möglichkeit lassen, dem offenen Kampf mit ihm auszuweichen."° Die Nationalliberalen freuten sich über diesen Kampf. Die Kirche hindert den „kulturellen Fortschritt", behauptete der national-

5	model
	selig... to be saved
10	to smash
	ging vor took action
	separation
	erließ Gesetze passed laws
15	
	legislation
	ecclesiastical
	infringements
20	
	spiritually
	imperialistic
25	in the long run
	to avoid

[3] Frederick the Great, king of Prussia (1740–86).

[4] Henry IV, German emperor (1056–1107), was a key figure in the struggle for supremacy between empire and papacy, known as the "investiture controversy." In 1076 Pope Gregory VII excommunicated Henry, thus absolving the emperor's subjects from their oath of fealty. Henry IV went to Canossa, a castle in Tuscany, to plead for absolution, which the Pope had to grant him. After his absolution, Henry IV was able to regain his power in Germany. His personal humiliation at Canossa proved to be a diplomatic victory in the long run.

liberale Abgeordnete Virchow. Virchow, der ein großer Arzt, aber kein großer Politiker war, hatte damit dem Konflikt seinen irreführenden Namen gegeben.

Das erste Kulturkampf-Gesetz war das Gesetz über die Schulaufsicht.° Nicht die Kirche, sondern der Staat sollte die Aufsicht über alle Schulen führen. Dieses Gesetz sollte vor allem den Einfluß der katholischen Kirche in Polen verringern.° Bismarck fürchtete die Beeinflussung° „seiner Polen" durch den Papst. Schon bei diesem Gesetz konnte man klar sehen: es ging hier nicht um Religion, sondern um politische Macht. Die Schule spielt eine wichtige Rolle in der Erziehung° der Jugend. Sowohl die Kirche als auch Bismarck waren sich darüber im klaren. Weder die Kirche noch Bismarcks Regierung wollten auf die führende Rolle in der Erziehung verzichten. Durch dieses neue Gesetz wurde die Schule zu einem Schlachtfeld des politischen Machtkampfes.

° supervision of schools
° to diminish
° exertion of influence
° education

Dann kam das Gesetz gegen die Jesuiten,[5] deren Einfluß die Regierung besonders fürchtete. Man verbot den Orden in Deutschland. Jesuiten durften in vielen Gebieten nicht mehr predigen° und lehren. Es war aber nicht Bismarck, sondern der bayrische Fürst Hohenlohe, ein antirömischer „Staatskatholik",° der das Jesuitengesetz gefordert hatte. Wieder zeigte sich die politische Natur dieses Konfliktes. Der kluge und mutige Führer des Zentrums, Ludwig Windthorst, spottete:° Ein Reich mit 40 Millionen und einer Million Soldaten fürchtet sich vor 200 Jesuiten!

° to preach
° Roman Catholic who recognizes the laws of the state
° mocked

Mit den „Maigesetzen" des Jahres 1873 erreichte der Kulturkampf seinen Höhepunkt. Der Staat forderte von der Kirche, was sie nicht geben wollte und

---

[5] Die Jesuiten: The Jesuits, of course, had been banned earlier in Brazil (1759), France (1764), Spain and Spanish America (1767) and Canada (1791). In conflicts between church and state, they have often become the prime target of their political opponents.

nicht geben konnte. Dazu gehörten: 1. Kontrolle über
die Ausbildung und Anstellung° der Geistlichen;° — employment / clergymen
2. staatliche Gerichte für kirchliche Angelegenheiten;
3. Verbannung° von Geistlichen, die sich gegen den — banishment
Staat stellten; 4. obligate Zivilehe.° — civil marriage

Die katholischen Bischöfe protestierten scharf gegen
die „Maigesetze". Die Gesetze des Staates dürfen nicht
der Ursprung° des Rechts sein. Das ist ein atheistisches — origin
Prinzip, erklärten sie. Gegen einen Staat, der solche
Gesetze schafft, muß man sich wehren.° Dazu hat — sich... resist
jeder Katholik ein moralisches Recht, ja eine moralische Pflicht.

Die Kirche leistete sowohl aktiven als auch passiven
Widerstand.° Priester und sogar Bischöfe kamen ins — leistete Widerstand / put up resistance
Gefängnis — und wurden damit zu Märtyrern. Viele
Pfarren° hatten keinen Pfarrer, neun von zwölf Diözesen — parishes
in Preußen waren ohne Bischof. Viele deutsche Katholiken kämpften mit ihrem Gewissen.° Wem sollten sie — conscience
dienen? Ihrem Staat oder ihrer Kirche? Wem sollten
sie gehorchen?° Bisher konnten sie beides tun, jetzt — to obey
nahm ihnen der Staat diese Möglichkeit.

Ein Attentat° auf Bismarck verschärfte° den Kon- — assassination attempt / intensified
flikt. Am 13. Juli 1874 schoß ein junger Fanatiker auf
den Kanzler. Die Kugel° streifte° Bismarcks Wange — bullet / grazed
und Hand. Der Attentäter, Mitglied eines katholischen
Vereins,° hatte allein und ohne Helfer gehandelt. Er — club
hatte in Bismarck den Zerstörer seiner Kirche gesehen.
Weder die Kirche noch die politischen Feinde des
Kanzlers verteidigten den Attentäter und dessen
politische Motive. Aber Bismarck machte das Zentrum
für das Attentat verantwortlich. „Verstoßen° Sie den — expel
Mann, wie Sie wollen; er hängt doch an Ihren Rockschößen",° sagte er zu den Abgeordneten des Zen- — coattails
trums.

Als Bismarck den Kulturkampf begonnen hatte, gab
es für ihn drei Hauptziele. Er wollte die Zentrums-

partei zerschlagen, die nationale Einheit Deutschlands stärken und die Autorität des jungen Staates festigen.° Was geschah? Das Zentrum wurde stärker als je zuvor (1881 sogar die stärkste Partei Deutschlands); die Gesetze des Kulturkampfes polarisierten das deutsche Volk; und viele Deutsche fragten sich: Kann man solche Gesetze noch respektieren? Soll man dem Staat gehorchen, der solche Gesetze schafft?

Auch dem Kaiser gefiel die Partnerschaft der Regierung mit den Liberalen nicht. „Wir müssen wieder auf konservativen Boden zurückkehren; so wie es jetzt ist, kann es nicht weitergehen", sagte Wilhelm I. schon in den ersten Jahren des Kulturkampfes. Auch die konservativen Junker und protestantischen Geistlichen stellten sich gegen die neuen Gesetze. Sie sahen darin einen Schritt zum atheistischen Staat.

Es war vor allem das Gesetz über die Zivilehe, das dem Kaiser und den Konservativen nicht gefiel. Als junger Mann hatte Bismarck auch gegen die Zivilehe Stellung genommen. Jetzt sagte er: „Ich habe gelernt, meine persönliche Überzeugung den Bedürfnissen° des Staates unterzuordnen."° Die Zivilehe war zu einer wichtigen Waffe° geworden, auf die der Kanzler nicht verzichten wollte. Kaiser Wilhelm sah die Zivilehe in einem anderen Licht. Sie hat eine „laxe Auffassung° des Heiligen" ins Land gebracht, klagte er.

Bismarck mußte schließlich erkennen: seine Regierung war zu weit gegangen. Er war zwar enttäuscht, daß manchen Deutschen die Kirche mehr bedeutete als der neue Staat. Aber er erkannte auch, daß dieser Kampf nicht zu gewinnen war. Der Politiker Bismarck hatte die geistige Macht der Kirche unterschätzt.° Es war höchste Zeit, den Rückzug anzutreten. Der neue Papst, Leo XIII., ein Mann des Friedens und der Kompromisse, erleichterte° ihm diesen Schritt.

Der Kanzler war zwar nicht bereit, seine erste große

Niederlage in der Innenpolitik zuzugeben,° aber er nahm ihre Konsequenzen an. 1879 mußte der Kultusminister Falk zurücktreten.° Bald darauf begann die Regierung, die meisten der Kulturkampfgesetze außer Kraft zu setzen.° Bismarck wandte sich° von den Nationalliberalen ab; er brauchte nun die Hilfe der konservativen Parteien für andere politische Ziele. Zu Beginn der Achtzigerjahre war der Kulturkampf zu Ende.

to admit

to resign

5 außer... to annul / wandte sich turned away

EXERCISES

I. Practice the pronunciation of the following words by saying them in short but meaningful sentences. Use the verbs given in parentheses. Say each sentence first in the present tense and then in the other tense indicated.

> Example: der Nationalstaat (gründen / sein / schaffen) present perfect
> **Bismarck gründet einen Nationalstaat.**
> **Bismarck hat einen Nationalstaat gegründet.**
> **Deutschland ist ein Nationalstaat.**
> **Deutschland ist ein Nationalstaat gewesen.**
> **Bismarck schafft einen Nationalstaat.**
> **Bismarck hat einen Nationalstaat geschaffen.**

1. die Industrie (wachsen / stärken) past
2. der Optimismus (zeigen / teilen) past
3. die Autorität (haben / verlieren / bekommen) present perfect
4. das ökumenische Konzil (ab-halten / statt-finden / beschließen) past
5. der Katholik (bleiben / werden / protestieren) past perfect
6. die Religion (lehren / verstehen / ab-lehnen) past
7. tolerant (werden / sein) present perfect

8. der Fanatiker (schießen auf + acc. / verschärfen) present perfect
9. der Kompromiß (schließen mit / finden) past
10. das Prinzip (dagegen sein / es geht um / kämpfen für) past

II. Practice and contrast the pronunciation of the following sentences. Pay special attention to the italic words.
1. Das Deutsche Reich war ein *Nationalstaat*. — Berlin war die *Hauptstadt*.
2. Er studierte die russische *Kultur*. — Er sprach über die *kulturellen* Fortschritte.
3. Frankfurt hatte ihm viel zu *bieten*. — Er wollte ihn darum *bitten*.
4. Jeder Mensch *leidet* im Krieg. — Der Kanzler *leitet* den Staat.
5. Bismarck hatte viele *Interessen*. — Er *interessierte* sich für Rußland. — Er fand das Leben in Petersburg *interessant*.
6. Auf dem Land *fühlte* er sich zu Hause. — Seine Augen *füllten* sich mit Tränen.
7. Der Deutsche Bund mußte *weg*. — Nur Frankreich stand ihm noch im *Wege*.
8. Er hat ihn nach Berlin kommen *lassen*. — Die Leute *lasen* es in der Zeitung.
9. Man hörte nicht auf seinen *Rat*. — In Paris aß man bereits *Ratten*.

III. Restate the following sentences, substituting the new antecedents.

>Example: Das war das Dogma, gegen das sich Bismarck stellte. (Meinung / Rat)
>**Das war die Meinung, gegen die sich Bismarck stellte.**
>**Das war der Rat, gegen den sich Bismarck stellte.**

1. Es war seine Mutter, die dafür nicht viel Verständnis hatte. (Vater / König / Parlament)

DER KULTURKAMPF

2. Sie kämpften gegen einen Staat, der solche Gesetze schuf. (Mann / Regierung / Parlament)
3. Kennen Sie den Freund, mit dem er über alles diskutierte? (Freunde / Mädchen / Frau / Frauen)
4. Wo liegt die Stadt, in der er so gern lebte? (Wohnung / Haus)
5. Sie fragt den Mann, der nach Hause kommt. (Frau / Kind / Kinder / Soldaten)
6. Es rauchten auch die Diplomaten, die sonst nicht Raucher waren. (Diplomat / Junker / Gesandten / König)
7. Beschreiben Sie die Partei, die für ihn stimmte. (Kollege / Kollegen / Parlament / Leute)
8. Das waren Worte, die ihm gefielen. (Meinungen / Meinung / Plan / Pläne / Gesetz / Gesetze).
9. Das war ein Mann, dem er nicht glaubte. (Männer / Frau / Frauen / Offizier)
10. Es war ein Bund, den Bismarck schwächen wollte. (Staat / Staaten / Regierung / Land / Länder)

IV. Say the following phrases in German.

Example: They did not succeed.
Es gelang ihnen nicht.

1. He has succeeded.
2. She did not succeed.
3. I will succeed.
4. We have succeeded.
5. You have not succeeded.

Example: Peace is at stake.
Es geht um den Frieden.

1. His authority is at stake.
2. What had been at stake?
3. A principle has been at stake.
4. How much will be at stake?
5. The power of the government was at stake.

VIII
BISMARCK UND DIE SOZIALISTEN

Der Realpolitiker Bismarck kämpfte ungern an zwei Fronten zur gleichen Zeit. Kampf an zwei Fronten vermied er nicht nur in der Außenpolitik, sondern auch in der Innenpolitik. In den Siebzigerjahren stand der Kulturkampf im Vordergrund; die katholische Kirche und das Zentrum waren damals seine wichtigsten Gegner. Im folgenden Jahrzehnt sah Bismarck im Sozialismus und der sozialdemokratischen Partei die gefährlichste Opposition. Dieser zweite große Konflikt des Kanzlers war kein Zufall:° Die industrielle Entwicklung des neuen Reiches machte ihn unvermeidlich.°

Bereits° in den ersten Jahren der „Gründerzeit" erlebte Deutschland einen schnellen wirtschaftlichen Aufstieg.° In allen deutschen Ländern baute man neue Fabriken, Eisenbahnen und Kanäle. Fünf Milliarden Franc, die Frankreich nach dem Krieg von 1870/71 als Reparation zahlen mußte, stärkten das deutsche Kapital. In den Jahren von 1870 bis 1872 gründete

coincidence
unavoidable
already
rise

man 875 neue Aktiengesellschaften.° Wilde Spekulationen und viele Bankrotte gehörten zu den Schattenseiten° dieser Entwicklung. Philosophen und Dichter klagten über den Materialismus der Gründerzeit. Friedrich Nietzsche[1] sprach von der „Extirpation des deutschen Geistes zugunsten° des deutschen Reiches" und von der „neuen Barbarei" im Namen des wirtschaftlichen Aufstieges. Der Dichter Wilhelm Raabe[2] schrieb in seiner Geschichte *Christoph Pechlin:* „So war im deutschen Volk der Geldsack aufgegangen und die Taler rollten in den Gassen,° und nur zuviele Hände griffen° dort danach." Theodor Fontane[3] spottete über die „gutgekleideten° Barbaren im Theater."

Die neuen Fabriken und Geschäfte brachten Wohlstand° ins Bürgertum.° Sie brachten aber auch soziale Probleme, wie man sie in solchen Dimensionen noch nie in Deutschland gekannt hatte. Die „Landflucht"° begann, Bauern und Handwerker° strömten in die Städte und wurden Arbeiter. 1870 lebten noch zwei Drittel der deutschen Bevölkerung auf dem Lande; 1914 nur mehr ein Drittel. Das Leben der Arbeiter war schwer. Sie bekamen Hungerlöhne° für 12–14 stündige Arbeit in häßlichen und dunklen Fabriken. Die „Mietskasernen", in denen sie wohnen mußten, nennt man in Amerika „tenements". Politisch waren die Arbeiter zur Zeit der Reichsgründung noch machtlos. Unter den Parteien des Bürgertums gab es keine, die für den „vierten Stand" sprach. Die Arbeiter suchten und fanden ihren Sprecher in der Sozialdemokratischen Partei. Diese Partei entwickelte sich° in den nächsten vier Jahrzehnten von der schwächsten zur stärksten Partei Deutschlands. 1871 gab es zwei sozial-

---

[1] Friedrich Wilhelm Nietzsche (1844–1900): German philosopher and champion of individualism who had little regard for the state.
[2] Wilhelm Raabe (1831–1910): German novelist.
[3] Theodor Fontane (1819–1898): German novelist.

demokratische Abgeordnete im Reichstag; 1912 waren es 110.

Die Arbeiter Deutschlands und ihre neue Partei fühlten sich oft von Staat und Gesellschaft isoliert. Sie mißtrauten dem Staat, der Monarchie und dem Bürgertum. Das Bürgertum fürchtete die neue politische Partei, die in den Siebzigerjahren immer stärker und aggressiver wurde.

Bismarck war kein Feind des „vierten Standes". Er hatte Verständnis für den einfachen° Mann. Das hatte er als Gutsbesitzer oft bewiesen.° Der Arbeiter stand ihm immer näher als der Bürger. Aber er fürchtete organisierte Massen, die gegen den Staat handeln konnten. Besonders Massen, die den Ideen eines Karl Marx folgten. In einer solchen Bewegung sah er eine große Gefahr für das Reich und seine Gesellschaftsordnung.° Die Herrschaft der Massen führt zur Diktatur, meinte er. „Im Zuchthaus° von heute ist der Aufseher° wenigstens ein achtbarer Beamter, über den man sich beschweren° kann. Aber wer werden die Aufseher sein in dem allgemein sozialistischen Zuchthaus? Die erbarmungslosen° Tyrannen ...", warnte er 1878 in einer Rede vor dem Reichstag.

Die deutsche Arbeiterbewegung stand nicht von Anfang an unter dem Einfluß von Karl Marx. Der Allgemeine Deutsche Arbeiterverein, den Ferdinand Lassalle[4] im Jahre 1863 gegründet hatte, war noch national und monarchisch orientiert. Mit Lassalle konnte Bismarck noch einen politischen Dialog führen;° mit Lassalles Nachfolgern nicht mehr. Wilhelm Liebknecht[5] und August Bebel[6] waren international

---

[4] Ferdinand Lassalle (1825–1864): German socialist.
[5] Wilhelm Liebknecht (1826–1900): Opposed Lassalle over the program drawn up at a congress in Eisenach in 1869.
[6] August Bebel (1840–1913): German Socialist leader. He was instrumental in uniting different factions of the Social Democrats during the "Gründerzeit."

denkende Marxisten. Für sie waren Monarchie, Kapitalismus und das Bürgertum die Feinde der Arbeiterbewegung. Seit dem Parteitag° in Gotha (1875) stand die Sozialdemokratische Partei Deutschlands unter ihrer Führung.° „Die sozialistische Arbeiterpartei Deutschlands erstrebt mit allen Mitteln den freien Staat und die sozialistische Gesellschaft", so hieß es im Gothaer Programm. „Die sozialistische Gesellschaft" sollte an die Stelle der bestehenden Gesellschaftsordnung treten? Solche Worte konnte Bismarck nicht ignorieren. Einem solchen Ziel mußte der Staat entgegentreten. Das bedeutete offenen Kampf dieser Partei gegen den Staat, gegen Bismarck — und umgekehrt.°

„Jedem gehört das Seine",° nach diesem Prinzip lebte und regierte man damals in Deutschland. „Alles gehört allen", war die Parole der Sozialisten für die Zukunft. Eine solche Diskrepanz bedeutete eine schwere Hypothek für den jungen Staat. Bismarck wußte, was zu tun war: Der Staat muß eingreifen,° sollte aus der sozialistischen Parole nicht Wirklichkeit werden. Die Initiative des Staates — nicht die der Sozialisten — sollte diese Diskrepanz im deutschen Volk verkleinern und die soziale Stellung des Arbeiters verbessern. Das war Bismarcks Überzeugung; und sie blieb es bis zu seinem Lebensende.

Neid° gemischt mit Klassenhaß und politischer Ideologie, das hielt Bismarck für besonders gefährlich. Vor allem in Deutschland, denn er sah im Neid eine besondere Schwäche der Deutschen. „Gibt es noch viele Pferderennen in England?" fragte er einmal Lord Beaconsfield während des Berliner Kongresses (1878). „Mehr als je zuvor", antwortete sein englischer Gast. „Dann wird es niemals Sozialismus in England geben. Sie sind ein glückliches Land. Solange das Volk sich dem Rennsport hingibt,° sind Sie sicher. Wenn hier ein

Herr die Straße entlang reitet, fragen zwanzig Leute
sich selbst oder andere: Warum hat der Kerl° ein — guy
Pferd und ich habe keins?"

Bismarck wollte mit zwei Waffen gegen die „sozialistische Gefahr" vorgehen:° 1. Unterdrückung° der — to proceed against / suppression
SPD (Sozialdemokratische Partei Deutschlands), ihrer
Presse und ihrer politischen Programme; 2. soziale
Gesetzgebung von seiten des Staates. Bismarck hatte
schon in den ersten Jahren der Gründerzeit versucht,
den Sozialdemokraten das Leben schwer zu machen.
Er wollte sowohl die Partei als auch ihre Presse verbieten.° Doch die liberalen Abgeordneten des Reichs- — to prohibit
tages waren damit nicht einverstanden.° Solange der — in agreement
Kanzler ihre Hilfe im Kulturkampf brauchte, mußte
er seine Pläne für Gesetze gegen die Sozialisten zurückstellen.° Der Reichstag war nicht bereit, gesetzlich — to sidetrack
gegen die Sozialisten vorzugehen.

Im Jahre 1878 sah Bismarck seine Chance: Innerhalb von drei Monaten fanden zwei Attentate gegen
Kaiser Wilhelm I. statt. Beim ersten Attentat schoß ein
Handwerker auf den Kaiser, beim zweiten ein fanatischer Intellektueller. „Jetzt lösen wir den Reichstag
auf", waren Bismarcks erste Worte, als man ihn in
Friedrichsruh über das zweite Attentat berichtete.
Dann erst fragte er: „Wie geht es Seiner Majestät?
Wer war der Attentäter?"

Die SPD hatte mit den Attentaten nichts zu tun,
aber beide Attentäter galten als° Fanatiker mit — were considered as
sozialistischen bzw.° anarchistischen Ideen. Das ge- — (beziehungsweise) respectively
nügte,° um die Furcht vor dem Radikalismus der — was enough
Sozialisten zu vergrößern. Bismarck wußte daraus
politisches Kapital zu schlagen.° Die Attentate halfen — make
ihm in seinem Kampf gegen die neue Partei der deutschen Arbeiter.

Es gab auch Veränderungen° in der Innenpolitik, — changes
die des Kanzlers Angriffe gegen die Sozialisten unter-

stützten. Im Jahre 1878 ging der Kulturkampf zu
Ende. Bismarck brauchte nun die Hilfe der konservativen Parteien, die sich im Kulturkampf gegen ihn
gestellt hatten. Er brauchte sie, um wichtige Schutzzölle° einzuführen;° er brauchte sie aber auch im   5 protective tariffs /
Kampf gegen die Sozialisten. Die Nationalliberale   to introduce
Partei, die ihn im Kulturkampf unterstützt hatte,
stand ihm jetzt im Wege. „Die Parteien sind ihm nur
die Postpferde,° mit denen er bis zur nächsten Station   stagecoach horses
fährt", hatte ein Diplomat einmal von Bismarck ge- 10
sagt. Nun war die Zeit gekommen, neue Pferde zu
nehmen.

    Politiker und Zeitungen kritisierten diese Taktik des
Kanzlers. Doch Bismarck kümmerte sich wenig um° solche Kritik. „Mein Respekt vor der sogenannten öffent- 15   paid little attention to
lichen Meinung, das heißt, vor dem Lärm der Redner°   noisy rhetoric
und der Zeitungen, war niemals groß gewesen", schrieb   (of politicians)
er einmal.

    Nach dem zweiten Attentat auf den Kaiser gab es
Neuwahlen° für den Reichstag. Die Konservativen 20 new elections
siegten und die liberalen Parteien verloren die Mehrheit. Damit war der Weg für Gesetze gegen die
Sozialisten frei. Der Reichstag verbot zwar nicht die
Sozialistische Partei selbst, aber alle ihre Organisationen und ihre Presse. Bismarck hatte sein Ziel erreicht. 25
So schien° es wenigstens. Doch diese Gesetze erwiesen   seemed
sich° sehr bald als ein Bumerang. Aus dem Mißtrauen   turned out to be
der Arbeiter gegen den Staat wurde nun offene Feindschaft. Die SPD wuchs schneller als zuvor. Wie im
Kulturkampf, so zeigte es sich auch in diesem Kon- 30
flikt: Gegen Religion und politische Ideologien kann
man nicht mit Gesetzen und Armeen kämpfen.

    Repressive Gesetze allein konnten den Sozialismus
nicht besiegen. Darüber war sich Bismarck im klaren.
Eine staatliche soziale Gesetzgebung sollte helfen, dem 35
Sozialismus den Wind aus den Segeln° zu nehmen.   sails

„Unsere Arbeiter sind, Gott sei Dank, nicht alle Sozialdemokraten", meinte der Kanzler hoffnungsvoll. In einer sozialen Gesetzgebung sah Bismarck nicht nur einen politischen Schachzug, sondern auch eine moralische Verpflichtung.° Auf die Frage, die er selbst stellte: „Hat der Staat die Pflicht, für seine hilflosen Mitbürger zu sorgen?" antwortete er: „Ich behaupte, er hat diese Pflicht, und zwar nicht bloß der christliche Staat ..., sondern jeder Staat."

Weder die Liberalen noch die Mehrheit der Konservativen hatten viel Verständnis für solche Gedanken. Kann der Staat soziale Probleme durch Gesetze lösen? Sie bezweifelten° es. Bismarck antwortete auf diese Zweifel mit einem klaren: „Der Staat kann."

Die Parteien machten es Bismarck nicht leicht, seine soziale Gesetzgebung zu verwirklichen. Kaiser Wilhelm I. und der Bundesrat[7] halfen dem Kanzler, während sich der Reichstag[8] gegen Bismarcks Pläne stellte. „Kaiser Wilhelm ist der einzige Wähler,° den ich habe", meinte Bismarck bitter; aber er gab nicht auf. Bismarck bat, argumentierte und drohte. Er änderte auch mehrmals° die Formulierung dieser Gesetze, um ihre Annahme zu erreichen. Am Ende bekam der Kanzler, was er wollte.

In den Achtzigerjahren wurde das Deutsche Reich der erste Sozialstaat Europas. Ab 1881 gab es eine obligate Unfallversicherung;° Kranken- und Altersversicherungen folgten bald darauf. Der Arbeiter, der Arbeitgeber° und der Staat zahlten gemeinsam für diese Versicherungen. Bismarck nannte sein Werk „Staatssozialismus". Seine politischen Gegner nannten

---

[7] Der Bundesrat: The upper house of the legislature in the German Empire. The delegates represented the twenty-five state governments and were appointed by the head of each state.

[8] Der Reichstag: The lower house of the legislature, whose members were elected for five years on a secret ballot by direct suffrage of all males of twenty-five years of age.

es anders. Eugen Richter, der Führer der liberalen Opposition, sagte zu den Abgeordneten des Reichstages: „Meine Herren! Das ist nicht sozialistisch, das ist kommunistisch."

War Bismarck zu weit gegangen? Hatte er ein Tor geöffnet, das man nie mehr schließen konnte? „Wo liegt die erlaubte Grenze° des Staatssozialismus?" fragte er selbst skeptisch. Dieses Werk machte ihm oft Sorgen, aber er hielt es für richtig und notwendig.

War damit der Kampf gegen den Sozialismus gewonnen? Die neuen Sozialgesetze und Versicherungen schützten den „vierten Stand" gegen die Übergriffe des Kapitalismus und linderten° seine Not. Aber das war nicht genug, die Herzen der Arbeiter für das neue Reich zu gewinnen. Die Zahl° der Sozialisten wurde nicht kleiner; und die meisten Arbeiter blieben Feinde des Staates. Sie hörten weiter auf Liebknecht und Bebel, nicht auf Bismarck.

Bismarcks „Staatssozialismus" überlebte° alle seine anderen Werke. Er selbst ahnte° dies, als er damals sagte: „Die Sache hat ihre Zukunft. Es ist möglich, daß unsere Politik einmal zugrunde geht,° wenn ich tot bin. Aber der Staatssozialismus paukt sich durch."° Die soziale Gesetzgebung ist bis heute ein integraler Teil des deutschen Lebens geblieben; ja, sie ist ein Modell für viele Staaten der Welt geworden. Der Staatssozialismus war eine große soziale Tat, aber kein politischer Erfolg für seinen Schöpfer.

° limit

° relieved

° number

° outlived
° suspected

zugrunde... will perish
paukt... will make its way

EXERCISES

I. Replace the italic word or words with the new words suggested by the English cues.
1. Der Realpolitiker Bismarck kämpfte *ungern* an zwei Fronten. (never / sometimes / often / several years)

2. Philosophen und Dichter *klagten* über den Materialismus. (protested against / criticized / fought against)
3. Das Leben *der Arbeiter* war schwer. (soldiers / farmers / women / men)
4. Diese Partei wurde immer *stärker*. (weaker / smaller / better known)
5. Alles gehört *allen*. (him / worker / workers / government)
6. Der Staat *muß* eingreifen. (can / should / is not allowed to / wants to)
7. Nun war *die Zeit* gekommen. (day / crisis / king / guest)
8. Die Parteien machten es Bismarck *nicht leicht*. (very easy / too easy / difficult / fairly difficult)
9. Er hielt es für *richtig*. (false / necessary / interesting / inevitable)

II. Put each verb first into the present tense, then into the singular. If the subject is a pronoun, replace it with any singular personal pronoun.

    Example: Die Franzosen mußten viel zahlen.
    Die Franzosen müssen viel zahlen.
    Der Franzose muß viel zahlen.

1. Die Staaten sollten eingreifen.
2. Mit Lassalle konnten sie einen politischen Dialog führen.
3. Sie wollten gegen die Gefahr vorgehen.
4. Die Zeitungen durften den Kanzler kritisieren.
5. Die Sozialisten mochten Bismarck nicht.
6. Wir mußten uns gegen ein solches Gesetz stellen.

III. Put the main verb in each sentence into the present perfect. Note the "double-infinitive" construction.

    Example: Die deutschen Länder müssen neue Eisenbahnen bauen.
    Die deutschen Länder haben neue Eisenbahnen bauen müssen.

1. Die Bauern wollen in der Stadt arbeiten.
2. Dort kann man sich beschweren.

3. Er mag eine solche Diktatur nicht.
4. Nun darf er den Reichstag auflösen.

IV. Answer each question using the auxiliary suggested by the English cue.

Example: Wollte Bismarck gegen das Zentrum kämpfen? (had to)
Nein, Bismarck mußte gegen das Zentrum kämpfen.

1. Mußte man neue Fabriken bauen? (wanted to)
2. Konnte der Kanzler die Arbeiter für den Staat gewinnen? (was supposed to)
3. Wollten die Arbeiter in Mietskasernen wohnen? (had to)
4. Konnte Bismarck die Sozialdemokratische Partei verbieten? (was not allowed to)
5. Mußte der Staat dem Arbeiter helfen? (could)

V. Replace the genitive or prepositional phrases with adjectives.

Example: Die Entwicklung der Industrie.
Die industrielle Entwicklung.

1. Die Kirche der Katholiken
2. Der Aufstieg der Wirtschaft
3. Die Eisenbahnen Deutschlands
4. Die Partei der Sozialdemokraten
5. Die Veränderung in der Innenpolitik
6. Die Politik Europas

IX
DIPLOMATIE UND BÜNDNISSE

„Alle Friedensschlüsse° dieser Welt sind Provi-   conclusions of peace
sorien", sagte Bismarck einmal skeptisch. Er war kein
Optimist, wenn es um den Frieden zwischen Völkern
und Staaten ging. Phrasen wie „ewiger° Friede" oder   everlasting
„Krieg zur Beendigung aller Kriege" gehörten nicht   5
zu seinem Vokabular. Er glaubte nicht an sie. Aber
gerade darum waren ihm Provisorien in der Außen-
politik so wichtig. Sie halfen, den Frieden zu erhalten°   **den...** to preserve peace
oder wenigstens zu verlängern. In den zwei Jahrzehn-
ten nach der Reichsgründung schuf Bismarck eines der 10
kompliziertesten Systeme solcher „Provisorien", die es
je in der europäischen Politik gegeben hatte. Das
System funktionierte, solange das diplomatische Genie
seines Schöpfers dafür verantwortlich war; es funktionierte nicht mehr, sobald andere Männer die Außen- 15
politik Deutschlands leiteten.°   were in charge

Das neue Reich war Bismarck groß genug. Er wollte
es nicht mehr vergrößern, sondern nur schützen.

Deutschland brauchte Zeit, um als Staat und Nation zu wachsen. Deutschland brauchte vor allem Frieden, einen langen Frieden. Offene und geheime Bündnisse mit den Großmächten sollten ihn sichern. Bismarck, der Realpolitiker, nicht Bismarck, der Pazifist, arbeitete in den nächsten zwei Jahrzehnten intensiv für diesen Frieden.

Deutschland war —und ist —ein „Land der Mitte"; es hatte viele Nachbarn, die Freunde oder Feinde sein konnten. Isoliert den Feind und gewinnt viele Freunde, das wurde das Motto der Bismarckschen Außenpolitik.

Frankreich war seit seiner Niederlage im Jahre 1871 der offene Feind des Reiches. In Paris sprach man oft von „Revanche"; das war verständlich. Die Franzosen hatten guten Grund,° des Reiches Feinde zu sein. Sie hatten nicht nur einen Krieg verloren, sondern auch Elsaß-Lothringen und fünf Milliarden Reparationen. Etwas war noch schlimmer:° Deutschland war jetzt ein vereintes Reich, eine Großmacht. Jetzt spielte Deutschland — und nicht mehr Frankreich — die „erste Geige"° im Orchester der europäischen Politik. Eine Nation, die wegen ihres Nationalstolzes° bekannt war, konnte dies weder vergessen noch ignorieren.

„Mit Frankreich werden wir nie Frieden haben", sagte Bismarck einmal. Er wünschte diese Feindschaft nicht, aber er hielt sie für unvermeidlich. „Die Franzosen sind die Chinesen Europas", sagte er kurz nach der Reichsgründung. „Über ihre Ziele und künftigen Schritte brauchen wir nicht zu spekulieren; sie werden über uns herfallen,° sobald sie sich stark genug dazu glauben." Solange Deutschland der Freund anderer Großmächte sein konnte, fürchtete er diese Feindschaft nicht. Er brauchte vor allem die Freundschaft zweier Mächte, um Frankreich zu isolieren: Österreich-Ungarn und Rußland.

In Österreich waren die Wunden des „Bruderkrieges" von 1866 schnell geheilt.° Man hatte dort die Gründung des Deutschen Reiches, die „kleindeutsche Lösung", angenommen. In Wien sprach man nicht mehr von Revanche. Bismarck erntete° nun die Früchte für seine kluge Politik nach dem Sieg über Österreich. Er hatte sich dort keine ewigen Feinde geschaffen.° Der österreichische Außenminister Julius Andrassy, ein ungarischer Graf, sprach sogar für ein Bündnis mit Deutschland. Sein Monarch, der österreichische Kaiser, hörte auf ihn. Bismarck hatte zwar den Deutschen Bund zerstört, aber in der Österreichisch-Ungarischen Doppelmonarchie sah er einen natürlichen Alliierten des neuen Reiches. Er verstand auch die wichtige Rolle Österreichs im Südosten Europas und unterstützte sie. Seiner Meinung nach° brauchten die vielen Völker des Südostens einen „Vater", der dort für Frieden und Ordnung sorgte. Ein österreichischer Vater war ihm lieber als ein russischer; ohne Vater drohte die Gefahr nationaler oder demokratischer Revolten.

In Rußland und am Hof des Zaren hatte Bismarck Freunde. Man erinnerte sich° dort an seine rußlandfreundliche Politik vergangener Jahre. Im Krimkrieg (1854–56) und während der polnischen Revolte des Jahres 1863 hatte er Rußland geholfen. Zuerst als preußischer Gesandter beim Deutschen Bund, später als preußischer Ministerpräsident. Rußland hatte dafür mit freundlicher Neutralität gedankt, als Preußen gegen Österreich und Frankreich Krieg führte.

Aber konnten das Deutsche Reich und Rußland auch weiterhin Freunde bleiben? Bismarck wünschte es, jedoch sein Wunsch stieß auf eine große Schwierigkeit,° nämlich die Rivalität zwischen Rußland und Österreich auf dem Balkan. Sowohl Rußland als auch Österreich sah im Balkan *seine* Einflußzone. Rußland wollte der „große Bruder" der slawischen Völker des

Südostens sein. Die Idee des Panslawismus¹ wurde immer populärer, Österreich aber wollte der „Vater" dieser Völker bleiben. Freund solcher Rivalen zu bleiben, war Bismarcks großes Problem. Ein Problem, das seine diplomatische Kunst auf schwere Proben stellte.°   **auf...** put to a difficult test

Seit der Reichsgründung war in Rußland die Zahl der antideutschen Diplomaten und Offiziere größer geworden. Der Zar und seine Familie blieben Freunde der Deutschen. Als eine Delegation deutscher Offiziere im Dezember 1871 Petersburg besuchte, sagte der Zar leise zu einem der deutschen Besucher: „Ihr wißt gar nicht, wie ich euch liebe, aber ich darf es euch hier nicht zeigen." Die Deutschen konnten es klar sehen: Die Freundschaft des Zaren zu ihrem Land war bei vielen Russen nicht mehr erwünscht.

Im Jahre 1873 gelang Bismarck, was viele zu dieser Zeit nicht mehr für möglich gehalten° hatten. Die drei Monarchen Deutschlands, Rußlands und Österreichs schlossen ein „Drei-Kaiser-Abkommen". Sie versprachen einander Verständigung im Falle einer europäischen Krise. Dieses Abkommen war ein Erfolg für Bismarcks Diplomatie. Er hatte die Rivalen Österreich und Rußland in einem Abkommen zusammengebracht; er hatte außerdem Frankreich von Rußland isoliert. Der Friede in Europa, den Bismarck für sein Reich so sehr brauchte, war für einige Zeit gesichert.°   **für...** considered possible   secured

Aber nicht sehr lange. Fünf Jahre später drohte wieder Krieg zwischen den Großmächten. Rußland führte im Jahre 1877 Krieg gegen die Türkei. Der „kranke Mann Europas", wie Politiker die Türkei im 19. Jahrhundert oft nannten, war ein beliebtes° Objekt   favorite

---

¹ Pan-Slavism: A movement in the late 19th century which proclaimed that all Slavic people should be freed from foreign control and be united into a great federation under Russian leadership. The Pan-Slavic movement contributed greatly to increased tension between Russia and Austria in the Balkan Peninsula.

für territoriale Übergriffe. Besonders für russische
Übergriffe, denn der Türkei gehörten noch große Gebiete des Balkans. Bald nach Beginn dieses Krieges
standen russische Truppen vor den Toren Konstanti-
nopels (heute Istanbul). Rußland stand damit vor der
Erfüllung alter Wünsche: Kontrolle über die Dardanel-
len, Zugang° zum Mittelmeer, größerer Einfluß auf
die slawischen Völker des Südostens. Die besiegte
Türkei schloß einen Frieden, der diese Wünsche Rußlands erfüllte (Friede von San Stefano). Rußland hatte
jedoch die Rechnung ohne den Wirt gemacht.° Weder
Österreich noch England waren bereit, eine solche
Verschiebung° der Macht im Südosten Europas hin-
zunehmen.° Österreichs Interessen zu Lande und Eng-
lands Interesse zur See waren dort zu groß. Beide
Mächte drohten mit Krieg gegen Rußland. Sollte es
zu einem neuen „Krimkrieg" kommen?

Nur eine schnelle Verständigung aller europäischen
Großmächte konnte einen solchen Krieg verhindern.
Nur *ein* großer Staatsmann konnte der „ehrliche Makler"° zwischen den einzelnen Staaten und Interessen
sein. Nur ein Mann besaß das Prestige für diese schwere
Aufgabe; nur zu einem Mann hatte man das Vertrauen:° zum deutschen Kanzler Otto von Bismarck.

Bismarck war von dieser undankbaren Aufgabe
nicht begeistert.° Aber er war bereit, der „ehrliche
Makler" zu sein. Er wußte, daß es um den Frieden
Europas ging. Also um einen Frieden, den er für
Deutschland brauchte und wollte. Im Juni 1878 be-
gann der „Berliner Kongreß" unter seinem Vorsitz.
Bismarck schlug einen Kompromiß vor. Rußland,
Österreich und England sollten die umstrittenen° Ge-
biete in „Interessenzonen" aufteilen.° Niemand war
damit zufrieden, am wenigsten aber Rußland. Ruß-
land fühlte sich um die Früchte seines militärischen
Sieges betrogen.° Es gab aber nach, denn es wollte

access

die... to work in
the dark

shift

to put up with

honest broker

trust

enthusiastic

disputed
to partition

cheated

DIPLOMATIE UND BÜNDNISSE 95

keinen Krieg mit Österreich und England riskieren.
Wie dachte der russische Zar jetzt über den „ehrlichen
Makler"? „Ich liebe meinen Onkel Kaiser Wilhelm,
aber Bismarck ist eine schreckliche Kanaille", sagte
der Zar nach dem Berliner Kongreß.   5

Auf die Stimmen der „Kleinen", der Griechen,
Bulgaren, Rumänen, usw. hörte man auf dieser Konferenz wenig. Die Vertreter der Großmächte „schliefen
den Schlaf des Gerechten",° wenn ein Grieche oder   **den...** to sleep
Bulgare zum Kongreß sprach. So berichtet ein deut- 10 the sleep of
scher Diplomat, der an dem Kongreß teilgenommen   the just

"Der ehrliche Makler" beim Berliner Kongreß (1878)

hatte. Wie groß war Bismarcks Interesse an den
Völkern° des Balkans? „Meine Herren, wir sind hier   peoples
nicht versammelt,° um über das Glück der Bulgaren   convened
zu beraten,° sondern um den Frieden Europas zu 15 deliberate

96 *BISMARCK*

sichern", erklärte der deutsche Kanzler auf dieser Konferenz.

In der Tat hat der Berliner Kongreß den Frieden Europas auf weitere Jahre gesichert. Es kam zu keinem neuen „Krimkrieg". Der Diplomat hatte seine Aufgabe erfolgreich erfüllt. Doch Jahre später sagte er: „Der Berliner Kongreß war die größte politische Torheit° meines politischen Lebens". Wie kam er zu diesem Schluß?   folly

Der „ehrliche Makler" mußte für seine undankbare Rolle einen hohen Preis zahlen. Rußland sah nach diesem Kongreß in Deutschland und Bismarck nicht mehr seinen Freund. Es begann nach neuen Freunden zu suchen. Damit drohte eine große Gefahr für Deutschland: Eine Koalition zwischen Rußland und Frankreich. Bismarck hatte diese Entwicklung befürchtet,° konnte sie aber nicht verhindern. Er   feared
wünschte daher engere Beziehungen zu anderen Großmächten. Auf das Drei-Kaiser-Abkommen allein wollte er sich nicht verlassen. Die Auswahl° war nicht groß.   choice
England wollte in seiner „splendid Isolation" bleiben; die Türkei war schwach und dekadent, Italien ein junger und nicht sehr starker Staat. So blieb nur Österreich-Ungarn als enger Partner.

Ein Jahr nach dem Berliner Kongreß schuf Bismarck den „Zweibund", einen neuen Vertrag zwischen Deutschland und Österreich. Dieser Vertrag bedeutete gegenseitige Hilfe im Falle eines russischen Angriffs auf Deutschland oder Österreich. Im Falle eines französischen Angriffs auf Deutschland brauchte Österreich nur neutral zu bleiben.

Bismarck fand es nicht leicht, diesen Vertrag zu schließen. Der größte Widerstand kam von seinem eigenen Monarchen, dem 83 jährigen Kaiser Wilhelm I. Der alte Kaiser wollte die Tradition guter Beziehungen zu Rußland nicht aufgeben. Bismarck auch nicht, aber der Kanzler sah die Realität einer neuen außenpolitischen Situation. Dieser Situation mußte man sich anpassen,° und dafür brauchte er den Vertrag mit Österreich. Es gefiel Wilhelm I. nicht, daß Österreich im Fall eines französischen Angriffes neutral bleiben konnte. „Was wir für Österreich gegen Rußland tun, muß Österreich für uns gegen Frankreich tun", meinte der Kaiser. Er war nicht bereit, den Vertrag zu unterschreiben. Vielleicht ahnte der alte Monarch die Gefahr einer zu engen Bindung° an Österreich. In der Tat begann mit dem „Zweibund", was 1914 — allerdings ohne Bismarck —zur Katastrophe führte: Die Partnerschaft zwischen Österreich und Deutschland in der Ost- und Balkanpolitik.

Bismarck hielt den „Zweibund" für unbedingt nötig, um eine Isolierung Deutschlands zu vermeiden. Er erklärte und plädierte — der Kaiser blieb bei seinem Nein. Es war nicht der erste große Konflikt zwischen diesen beiden Männern, die einander so sehr brauchten. Bismarck wußte, wie er in solchen Konflikten Sieger bleiben konnte. Er drohte mit seinem Rücktritt. Das war eine wirksame Waffe. „Bismarck ist notwendiger als ich", erklärte der Kaiser und Bismarck bekam seinen Vertrag. Kurz nach diesem Konflikt schrieb Wilhelm I. in einem Brief: „Meine ganze moralische Kraft ist gebrochen; ich weiß nicht, was aus mir werden soll."

Bismarcks Furcht° vor einer französisch-russischen Allianz war verfrüht.° Die Zeit war noch nicht reif dafür. Das republikanische Frankreich und das zaristische Rußland hatten wenig Vertrauen zueinander. Russische Anarchisten flüchteten nach Frankreich und fanden dort politisches Asyl. Rußland wollte auch nicht isoliert werden und erneuerte° daher 1881 das Drei-Kaiser-Abkommen. Die Freude des deutschen Kaisers war groß. Nun sah Wilhelm I. auch den „Zweibund" in einem besseren Licht. Vielleicht war seinem Kanzler doch gelungen, was er für unmöglich gehalten hatte: Rußlands und Österreichs Freund zugleich° zu sein. °at the same time

Bismarck arbeitete unermüdlich° an seinem Bündnissystem weiter. Wie einst als Deichhauptmann° auf seinem Gut Schönhausen baute er Dämme für die Zukunft. Sein Reich sollte gegen spätere Stürme gesichert sein. Der Skeptiker und Realist Bismarck rechnete mit solchen Stürmen. 1882 wurde aus dem „Zweibund" ein „Dreibund". Italien schloß sich dem Bündnis zwischen Deutschland und Österreich an. Konflikte mit Frankreich über Gebiete in Nordafrika führten den jungen italienischen Staat ins Lager Deutschlands und Österreichs. °untiringly °superintendent of dikes

„Wir brauchen Kolonien" war ein Motto, das man in den zwei Jahrzehnten nach der Reichsgründung in vielen Ländern Europas hörte. Es gab verschiedene Motive für den Wettlauf° nach Territorien in Afrika und Asien. Nationales Prestige, Profit für Handel° und Wirtschaft, Abenteuerlust° und Missionswille, Philanthrophie und Sozialdarwinismus.[2] Den Ruf° nach Kolonien konnte man auch in Deutschland hören. 1882 gründete der Bürgermeister von Frankfurt, Miquel, den „Kolonialbund". Bismarck wollte anfangs von deutschen Kolonien nichts wissen. Schon 1870 sagte er zu einem französischen Diplomaten, der ihm Kolonien für Elsaß-Lothringen anbieten wollte: „Wir sind noch nicht reich genug, um uns den Luxus von Kolonien leisten zu können."° °race °trade °desire for adventure °call °**uns leisten zu können** to be able to afford

Es gab aber einen wichtigeren Grund, warum sich der Kanzler gegen eine deutsche Kolonienpolitik stellte.

---

[2] Social Darwinism: A theory which "attempts to justify international war, colonial competition, and domestic conflict as natural manifestations of the struggle for existence" (Gordon A. Craig).

Er wollte nicht mit England in Konflikt kommen. Seit der Reichsgründung hatte Bismarck vergebens° versucht, England für ein Bündnis zu gewinnen. „Die Engländer wollen sich nicht lieben lassen", bemerkte er einmal sarkastisch. Doch er hatte diese Hoffnung nicht aufgegeben und wollte daher Spannungen° mit England vermeiden. Eine deutsche Kolonialpolitik mußte dazu führen. Bismarck irrte sich nicht,° aber er konnte nicht verhindern, daß auch Deutschland Kolonien erwarb.° 1884 bat der Bremer Kaufmann° Adolf Lüderitz, Gebiete in Südwestafrika unter deutschen Schutz zu stellen. Bald darauf erwarb Deutschland Togo, Kamerun, Deutsch-Ostafrika und einige Inseln° in der Südsee. Der Kanzler machte gute Miene zum bösen Spiel.° Er sprach nicht mehr offen gegen die deutsche Kolonialpolitik. Aber an den Rand° eines Aktes schrieb er 1885: „Die Kolonien sind Ausland." Sie blieben für ihn auch immer Ausland — und für England ein Grund, mit Deutschland kein Bündnis zu schließen.

Bismarck hielt sein Bündnissystem für ebenso notwendig wie unzuverlässig.° „Alles seit der Schöpfung ist Flickwerk",° meinte er. Er machte sich keine Illusionen. Seine Bündnisse garantierten noch nicht den Frieden, aber sie verlängerten ihn vielleicht. Ohne solche Bündnisse stand Deutschland und Europa einem Krieg viel näher. Es gab auch andere Faktoren, die seiner Diplomatie nützten: Die Spannungen zwischen den anderen Großmächten Europas. Rußland und England hatten Konflikte im Orient und in Asien, Frankreich und England in Ägypten, Italien und Frankreich in Tunis. „Wenn sich zwei streiten, freut sich der Dritte ..." Bismarck wußte diese Spannungen für seine Diplomatie zu nützen. Er hatte nichts dagegen,° auch manchmal der „lachende Dritte" zu sein.

Besondere Sorge machte dem Kanzler das Verhältnis

100 BISMARCK

zu Rußland. Obwohl er das Drei-Kaiser-Abkommen
im Jahre 1884 wieder erneuern konnte, verschlechterten
sich° die Beziehungen zu Rußland. Die Partnerschaft   deteriorated
mit Österreich war eine hohe Hypothek für die deut-
sche Rußlandpolitik. „Wie schade,° daß wir nicht mit   5 what a pity
Deutschland allein sind; aber leider steht Österreich
zwischen uns", sagte Zar Alexander III. Bismarck
wünschte nicht, zwischen Österreich und Rußland
wählen zu müssen; aber eine diplomatische Isolierung
durfte er für Deutschland auch nicht riskieren. „Wir   10
müssen *einen* sicheren Freund haben", sagte er. Dabei
dachte er an Österreich, nicht an Rußland.

Die Spannungen zwischen Österreich und Rußland
wurden von Jahr zu Jahr größer. Mitte der achtziger
Jahre ging der Streit um Bulgarien. Eine neue Balkan-   15
krise begann. Sie wurde noch gefährlicher, weil sich
Frankreich offen auf die Seite Rußlands stellte. Bei
einem kurzen Besuch des Zaren Alexander III. in
Berlin schrieb Bismarck für seinen Kaiser eine Tisch-
rede.° Darin warnte der deutsche Kaiser vor einer ag-   20 after dinner speech
gressiven russischen Politik auf dem Balkan und einer
Partnerschaft mit Frankreich. Das kann nur zum
Krieg zwischen uns führen, meinte der Kaiser. Ein
Krieg, in dem sich die Sozialisten aller Länder gegen
ihre Regierungen erheben° werden. Es wird „ein Krieg   25 to rebel against
der roten Fahnen° gegen die Elemente der Ordnung   flags
und des Konservatismus" sein. Der Zar hörte sich die
Rede mit finsterer Miene° an und reiste wenige Stun-   sullen face
den später ab. Glaubte der russische Monarch nicht,
was er gehört hatte? Oder wollte Alexander III., der   30
jede Art von Revolution haßte, solch düstere° Visionen   gloomy
nicht hören? Die Geschichte beantwortete diese Frage:
Drei Jahrzehnte später wurde aus dieser düsteren
Vision in Rußland Wirklichkeit.

Im deutschen Generalstab° sprach man auch über   35 general staff
die Pläne eines Krieges gegen Rußland. Manche Offi-

ziere und Politiker wünschten ihn sogar, ehe° Rußland zu stark wurde. Bismarck hörte nicht auf sie. Die Idee eines Präventivkrieges war ihm immer fremd gewesen. Im Gegenteil,° der Kanzler arbeitete fieberhaft an einem Rückversicherungsvertrag° mit Rußland. Nichts war ihm wichtiger als eine friedliche Lösung im Osten. In der Ostpolitik sah er nicht nur die Zukunft Deutschlands, sondern auch Europas. „Vielleicht hält der Osten die Schlüssel° der Zukunft Europas: China, Rußland oder beide." Es waren prophetische Worte, die Bismarck im Jahre 1887 sprach.

     before
     on the contrary
5 Reinsurance Treaty (1887)

keys
10

Im selben Jahr wurde der Rückversicherungsvertrag Wirklichkeit. Was bedeutete er? Rußland bleibt neutral, falls Frankreich das Deutsche Reich angreift.° Deutschland bleibt neutral, falls Österreich Rußland angreift. Die Welt staunte° über dieses diplomatische Meisterstück. Nur einem Bismarck konnte es gelingen, einen solchen Vertrag zu dieser Zeit zu schließen. Aber brauchte man nicht auch einen Bismarck, um ihn zu erhalten?

attacks
15
was astonished

20

So mancher Skeptiker stellte damals diese Frage. Einer von ihnen war der Kanzler selbst. Er traute seinem Werk nur, solange es in seinen eigenen Händen lag. Umso erstaunlicher° ist es, daß er sich wenig um seine Nachfolge° kümmerte. Weder er noch die Männer um ihn sprachen gern über dieses Thema.°

astonishing
25 succession
topic

War es Bismarck mit seinen Bündnissen wirklich gelungen, Deutschland auf längere Zeit zu schützen? Hatte sein „Sicherheitssystem" dem Reich wirklich Sicherheit gebracht? „Wir Deutsche fürchten Gott, aber sonst nichts in der Welt", sagte der Kanzler vor dem Reichstag im Februar 1888. Aber er fürchtete noch etwas, was er dem Reichstag nicht sagte: Die Zeit, wenn er das Reich nicht mehr führen konnte. Und diese Zeit lag näher, als er dachte.

30

EXERCISES

I. Reply to each question using the cue words in your answer.
1. Was hielt Bismarck von allen Friedensschlüssen? (sein / Provisorien)
2. Warum waren ihm Provisorien wichtig? (helfen / Frieden / erhalten)
3. Was wurde zum Motto der Bismarckschen Außenpolitik? (Freunde / gewinnen / Feinde / isolieren)
4. Wovon sprach man in Wien nach dem „Bruderkrieg" nicht mehr? (Revanche)
5. Was brauchten nach Bismarcks Meinung die Völker des Südostens? (Vater)
6. Warum war das Drei-Kaiser-Abkommen ein Erfolg für Bismarck? (Rivalen / zusammen-bringen / Frankreich / isolieren)
7. Was wollte Bismarck beim „Berliner Kongreß" des Jahres 1878 erreichen? (Frieden / erhalten / Krieg / verhindern)
8. Welchen Preis mußte Bismarck für seine undankbare Rolle als „ehrlicher Makler" zahlen? (verlieren / Freundschaft / Rußland)
9. Warum kam es noch nicht zu einer Allianz zwischen Frankreich und Rußland? (haben / Vertrauen / wenig / zueinander)
10. Warum war Bismarck gegen eine deutsche Kolonialpolitik? (vermeiden / Spannungen / mit / England)

II. Repeat the sentences inserting the adjectives given.

    Example: Das Reich war Bismarck groß genug. (neu / vereint)

    Das neue Reich war Bismarck groß genug.
    Das vereinte Reich war Bismarck groß genug.

1. Deutschland brauchte Bündnisse. (geheim / sicher / viel)
2. Er war Gesandter beim Deutschen Bund. (preußisch / jung)
3. Er sagte es zu einem der Besucher. (deutsch / viel / alt)

4. Er besaß das Prestige für diese Aufgabe. (schwer / groß / neu)
5. So berichtet ein Diplomat. (deutsch / jung / russisch)
6. Bismarck wollte von Kolonien nichts wissen. (neu / deutsch)
7. Wir müssen einen Freund haben. (sicher / gut / stark)
8. Eine Balkanreise begann. (gefährlich / schwer / neu)

III. Put into the plural.
    Example: Er sieht das große Problem.
    Sie sehen die großen Probleme.

1. Nur ein großer Staatsmann konnte der „ehrliche Makler" sein.
2. Er schafft ein kompliziertes System.
3. Das war ein neuer Vertrag.
4. Es kam zu keinem neuen Krieg.
5. Es droht eine nationale Revolte.
6. Ein österreichischer Vater war ihm lieber als ein russischer.

IV. Form sentences with the expressions and words given.
    Example: die erste Geige spielen (in Deutschland / unter seinen Kollegen / bei jeder Gelegenheit)
    Preußen wollte in Deutschland die erste Geige spielen.
    Bismarck spielte unter seinen Kollegen die erste Geige.
    Mußt du bei jeder Gelegenheit die erste Geige spielen?

1. über jemanden herfallen (den Nachbarn / mich / den schwächeren Staat)
2. Die Früchte ernten (erst später / für seine Arbeit / sehr bald)
3. in einem besseren Licht sehen (die Situation / das Abkommen / das Ereignis)
4. nichts wissen wollen (von dieser Sache / darüber / von einem solchen Bündnis)
5. auf die Probe stellen (den Gegner / mich / alle / die Freundschaft)

X
INTERREGNUM

Wenige Wochen nach dieser Rede starb° der deutsche Kaiser Wilhelm I. im Alter von 92 Jahren. Die Partnerschaft zweier Männer, die einander so viel verdankten,° war zu Ende. Bismarck hatte sich immer als Vasall seines Kaisers gefühlt. Aber er war ein Vasall besonderer Art gewesen. Treu, frei und eigenwillig.° „Es ist nicht leicht, unter einem solchen Reichskanzler Kaiser zu sein", hatte Wilhelm I. einmal humorvoll bemerkt. In diesen Worten lag nicht nur Humor, sondern auch Wahrheit.° Kurz vor seinem Tode hatte Wilhelm I. zu Bismarcks Sohn Herbert gesagt: „Ich habe Ihren Vater oft nicht verstanden und oft bekämpft; aber schließlich habe ich doch gesehen: er hat immer recht gehabt."

Bismarcks Schmerz° über den Tod seines Monarchen war echt° und tief. „Man traf ihn oft in Tränen, wenn man sein Zimmer betrat",° erzählte ein Freund des Hauses. Nach dem Begräbnis° saß er still mit seiner

Familie beim Essen. In seinen Augen hatte er Tränen. Plötzlich stand er auf und sagte laut: „Und nun vorwärts."

Am nächsten Tag fuhr er seinem neuen Kaiser Friedrich III. nach Leipzig entgegen.° Einem Kaiser, der als todkranker Mann aus San Remo heimkehrte;° einem Kaiser, dem er nur 99 Tage dienen sollte.

    5 **fuhr entgegen**
    went to meet
    came home

Friedrich III. hatte als Kronprinz oft in Konflikt mit Bismarck gestanden. Dafür gab es vor allem zwei Gründe: seine liberalen Ideen, die der Kanzler nicht teilte.° Aber noch wichtiger: seine englische Frau Victoria, die Bismarck nicht mochte. Victoria, eine Tochter der englischen Königin, war eine willensstarke Frau, die auf ihren Mann großen Einfluß hatte. Wie sie über Bismarck dachte, zeigt ein Brief, den sie im März 1871 an ihre Mutter schrieb: „Graf Bismarck lebt nicht ewig, er wird ebenso rasch° vergessen sein wie der arme Kaiser Napoleon, an den jetzt kaum noch jemand denkt." Daß sie sich geirrt hatte, mußte Victoria sehr bald erkennen. Dies verstärkte nur ihre Opposition gegen den Kanzler. Victoria, die sich immer für Politik interessiert hatte, war auch eine stolze Frau. Sie wollte auf ihren Einfluß in der deutschen Politik nicht verzichten. Vor allem nicht als deutsche Kaiserin.

shared

quickly

Bismarck, der gegen Frauen in der Politik immer eine Abneigung° hatte, mißtraute solchem Einfluß. Ja, er sah darin einen direkten Angriff auf seine Autorität als Kanzler. Spannungen zwischen diesen beiden Menschen waren unvermeidlich. Zwei Menschen, die Kompromisse nicht liebten, wenn es um ihre persönliche Macht ging. Zwei Menschen, die selten bereit waren, nachzugeben.

dislike

Auf einem Hofball sagte Victoria zu einer Dame, nachdem ihr Bismarck ein Glas Wasser gebracht hatte:

Bismarck bei einer Rede im Reichstag (1887)

„So viel Wasser in diesem Glas ist, so viel Tränen hat mich der schon gekostet." Und wie dachte der Kanzler über sie? „Sie ist eine wilde Frau", meinte er. Doch er sagte es mit Respekt vor dieser Frau, die ihm im Temperament sehr ähnlich° war. Es war eine Art von Respekt, in dem sich Haß und Bewunderung° mischten. Den gleichen Respekt zeigte Victoria später für Bismarck, nachdem sie den Kanzler besser kennengelernt hatte. In einem Brief an ihre Mutter schrieb sie

5 similar

admiration

über Bismarck: „Sicherlich ein Patriot und ein Genie, aber brutal und zynisch."

Der neue Kaiser, Friedrich III., und Bismarck waren oft politische Gegner, aber nie persönliche Feinde gewesen. Friedrich hatte sogar Bismarck bei der Reichsgründung geholfen, als er seinen Vater bat, die Krone des Reiches anzunehmen. Nach der Reichsgründung hatte Friedrich keine politische Funktion und keine Macht gehabt. Er mußte warten und zusehen.° Für einen Mann, der viele Pläne hatte, war dies nicht leicht gewesen.

Nun war seine Zeit als Monarch gekommen — aber seine Tage waren gezählt. Seit 1887 litt er an Kehlkopfkrebs.° Eine Operation schob man auf Rat des englischen Chirurgen Mackenzie auf.° Der englische Spezialist hielt sie für zu gefährlich und für zu spät. Deutsche Ärzte wollten den Kaiser operieren, aber das Risiko schien zu groß. Sowohl die Kaiserin als auch Bismarck teilten die Meinung des englischen Spezialisten. Bei Bismarck spielte dabei eine Rolle, daß er zu spekulativen Experimenten in der Medizin wenig Vertrauen hatte. Kehlkopfkrebs galt zu dieser Zeit als unheilbar. Operationen hatten bei dieser Krankheit bis dahin nur wenig Erfolg gehabt. Für die meisten Patienten hatte eine Operation nur einen kurzen Aufschub° des Todes bedeutet. „Lassen Sie ihn lieber in die Hände Gottes als der Menschen fallen", sagte Bismarck zu Victoria. Die Operation unterblieb.°

Friedrich ertrug° sein Schicksal mit Haltung° und Geduld. Er erledigte° seine Arbeiten schriftlich, da er kaum noch sprechen konnte. Er vertraute dem Mann, der das Reich gegründet hatte, und er achtete ihn. Wenn Bismarck bei ihm Vortrag hielt, setzte er sich nicht, bis auch der Kanzler saß. Wenn die Audienz zu Ende war, begleitete er den Kanzler bis zur Tür und öffnete sie für ihn.

Friedrich wußte, daß es mit ihm zu Ende ging. Er hatte weder Ambitionen noch Illusionen. Es fehlte ihm die Kraft und die Zeit, um seine eigenen Pläne durchzuführen. Der neue Kaiser hatte an Liberalisierung der Armee und an teilweise Rückgabe von Elsaß-Lothringen an Frankreich gedacht. Solche Pläne mußten nun Theorie bleiben. Ende Juni dieses Jahres (1888) brachte man den kranken Kaiser auf seinen Wunsch in das Schloß nach Potsdam. Er wollte sterben, wo er das Licht der Welt erblickt° hatte. Zwei Tage vor seinem Tod bat er seine Frau und Bismarck gemeinsam an sein Krankenbett. Dort legte er die Hand seiner Frau in die Hände des Kanzlers. Es war eine symbolische Geste, des Kaisers letzte Bitte —eine Hoffnung für die Zukunft. Diese Hoffnung erfüllte sich nicht.

„Ich werde nie vergessen, daß Ihre Majestät meine Königin ist", hatte Bismarck dem sterbenden Kaiser versichert. Aber das waren nur leere° Worte für einen Sterbenden. Er vergaß „seine Königin" sehr bald. Am 15. Juni 1888 starb Friedrich III. Victoria erhielt Kondolenzbesuche aus aller Welt. Bismarck gehörte nicht zu diesen Besuchern.

Kurz vor dem Tode des Kaisers hatte Bismarck gesagt: „Der arme Kaiser verdient° Tränen nicht nur menschlich; auch politisch ist sein Tod ein Unglück.° Es ist immer schlimm, wenn in der dynastischen Kette° ein Glied° fehlt." Das waren keine leeren Worte gewesen. Das waren Worte echter Sorge; und diese Sorge erwies sich sehr bald als berechtigt.°

10 das... been born

empty

deserves
25 disaster
chain
link

erwies... proved itself very soon to be justified

EXERCISES

I. Supply the interrogative pronoun and answer each question.
  1. ——— starb Kaiser Wilhelm I.? (when)

2. —— war Bismarcks Schmerz über den Tod seines Monarchen? (how)
3. —— fuhr Bismarck dem neuen Kaiser entgegen? (where to)
4. —— sollte er dem neuen Kaiser dienen? (how long)
5. —— hatte Bismarck oft mit Friedrich III. in Konflikt gestanden? (why)
6. Auf —— hatte Victoria einen großen Einfluß? (whom)
7. —— Einfluß mißtraute Bismarck? (whose)
8. —— wollten die deutschen Ärzte mit Friedrich III. tun? (what)
9. —— vertraute der kranke Kaiser? (to whom)

II. Change each sentence into a question, using a suitable **wo-**compound.

   Example: Sie interessierte sich für Politik.
   Wofür interessierte sie sich?

1. Die Königin will auf ihren Einfluß nicht verzichten.
2. Es geht bei beiden um persönliche Macht.
3. Es fehlt ihm für weitere Reformen die Kraft.
4. Er schreibt über diesen Konflikt in seinem Buch.
5. Friedrich III. litt an Kehlkopfkrebs.

III. Replace the prepositional phrase with a **da-**compound.

   Example: Wenige Wochen nach dieser Rede starb er.
   Wenige Wochen danach starb er.

1. In diesen Worten liegt Wahrheit.
2. Wie denkt er über den Brief?
3. Er hat Bismarck bei der Reichsgründung geholfen.
4. Er gehört nicht zu den Besuchern.
5. Sie besuchten den Sterbenden kurz vor seinem Tode.

IV. Connect the two sentences with the conjunction in parentheses. Form a meaningful sentence.

Example: Die Audienz war zu Ende. Der Kaiser begleitete Bismarck zur Tür. (als)
Als die Audienz zu Ende war, begleitete der Kaiser Bismarck zur Tür.

1. Er liebt Kompromisse nicht. Es geht um die persönliche Macht. (wenn)
2. Ich habe ihn oft nicht verstanden. Er hat immer recht gehabt. (aber)
3. Sie hatten oft in Konflikt miteinander gestanden. Sie waren nie persönliche Feinde gewesen. (obwohl)
4. Der englische Spezialist hatte den Kaiser untersucht. Man schob die Operation auf. (nachdem)
5. Friedrich wußte es. Es ging mit ihm zu Ende. (daß)
6. Er fährt nach Leipzig. Er will seinen neuen Monarchen begrüßen. (denn)

V. Form short sentences using the verbs, expressions, and cue words given.

Example: auf sich warten lassen (Konflikt / seine Antwort)
Dieser Konflikt ließ nicht lange auf sich warten.
Seine Antwort ließ nicht lange auf sich warten.

1. denken an (Staat / Macht des Vatikans / Folgen)
2. Schritt für Schritt (vor-gehen / Ziel verfolgen / Gegner schwächen)
3. sich im klaren sein über (die Macht des Gegners / die Politik des Staates / den Plan des Feindes)
4. sich stellen gegen (Gesetz / Wünsche / Staat)
5. im Wege stehen (Partei / Politiker / seinem Plan)
6. sich kümmern um (öffentliche Meinung / Zeitungen / Kritik der Gegner)

XI
DER ALTE KANZLER UND DER JUNGE KAISER

Wenige Stunden nach dem Tod Friedrichs III. meldete sich Bismarck bei dem neuen Kaiser zur Audienz. Der neunundzwanzigjährige Wilhelm II., der Sohn Friedrichs III. und Enkel° des ersten deutschen Kaisers, streckte dem alten Mann die Hand entgegen,° um den üblichen Huldigungskuß° zu bekommen. Wilhelm II. hielt die Hand so niedrig,° daß sich der alte Kanzler tief bücken° mußte. Eine neue Ära hatte begonnen, nicht nur für Deutschland, sondern auch für Bismarck.

Der Großvater und Vater des neuen Monarchen hatten gemeinsam mit ihrem Kanzler regiert. Der junge Kaiser hatte andere Pläne. „Sechs Wochen will ich den Alten verschnaufen° lassen, dann regiere ich selbst", sagte er kurz nach dem Tod seines Vaters. Stolz und Arroganz lag in diesen Worten; sie paßten zum Charakter des neuen, ehrgeizigen Herrschers. Er wollte anders sein und anders regieren als seine Eltern, mit denen er sich nicht gut verstanden hatte. Seine

grandson

5 **streckte entgegen**
stretched out
kiss of homage
low

sich bücken
to bow to

to recover his breath

Mutter Victoria, die gewiß auch für Bismarck wenig Sympathien hatte, sagte zu einer Freundin: „Ich trauere nicht allein um° meinen Mann; ich trauere auch um Deutschland. Denken Sie an das, was ich Ihnen heute sage: mein Sohn wird Deutschlands Ruin sein." Sein Vater hatte über den jungen Wilhelm ähnlich gedacht. Als man einmal mit ihm über seinen Nachfolger gesprochen hatte, meinte er: „Wehe meinen Enkeln."°

Wilhelm II. wußte von dem Mißtrauen seiner Eltern gegen ihn. Nun wollte er beweisen, daß sie unrecht hatten.° Er glaubte, den besten Weg zu Ruhm° und Erfolg zu kennen; er glaubte auch, ihn allein gehen zu können. „Mehr scheinen als sein" wurde, scheint es, das Lebensmotto dieses Kaisers. Sein langjähriger Erzieher° Hinzpeter bemerkte einmal über den jungen Monarchen: „Zur Repräsentation eignet er sich° sehr gut; im übrigen° kann er nichts." Fürst Bülow beschrieb ihn: „Wilhelm II. war wohl der unausgeglichenste° Mensch, dem ich begegnet° bin." Zu unausgeglichenen Menschen hatte der alte Kanzler in der Politik wenig Vertrauen; auch wenn sie die Krone des Reiches trugen. Deutschland braucht mich jetzt noch mehr als zuvor, dachte Bismarck. Bald mußte er erkennen, daß der junge Kaiser anderer Meinung war.

Bismarck hatte Berlin bald nach seiner ersten Audienz mit Wilhelm II. verlassen. Er erwartete Schwierigkeiten mit seinem neuen Herren, aber keinen Bruch. „Unser Alter ist verschieden", meinte er vorsichtig.° Doch Distanz, so glaubte er, kann Spannungen verringern.° Daher wollte er zu Beginn der neuen Ära wenig Zeit in Berlin verbringen. Viele Geschäfte des Kanzlers konnte er auch auf seinen Gütern Varzin und Friedrichsruh erledigen.° Von dort aus wollte er mit seinen Beamten weiterregieren. Das war ein Plan, bei

trauere um mourn

Wehe meinen Enkeln I feel sorry for my grandchildren

were wrong / glory

tutor

eignet... he is qualified otherwise

unbalanced / met

cautiously

diminish

to do

dem er die Rechnung ohne den neuen Wirt gemacht hatte.

Die ersten Schwierigkeiten mit dem neuen Monar-

Kaiser Wilhelm II. bei einem Besuch auf Bismarcks Gut Friedrichsruh im Oktober 1888

chen gab es in Fragen der Außenpolitik. Der alte Kanzler wollte den Rückversicherungsvertrag mit Rußland erneuern; der junge Kaiser hatte daran wenig Interesse. Bei dieser Meinungsverschiedenheit° ging es nicht so sehr um den Vertrag mit Rußland als um die Frage: Wer entscheidet in Zukunft über die deutsche Außenpolitik? Beide Männer glaubten, die Antwort darauf zu wissen. Aber sie glaubten nicht dasselbe. Wilhelm II. hatte angeblich auf seiner Auslandsreise° im Jahre 1889 zu viel von dem Kanzler und der „Firma Bismarck und

difference of opinion

trip abroad

Sohn"[1] gehört. Die Popularität dieser „Firma" wollte
der junge Kaiser in Zukunft für sich beanspruchen.° — to have for himself
Noch kam es zu keinem offenen Konflikt zwischen dem
Kaiser und seinem Kanzler, aber Bismarck schrieb
bereits in einem Brief: „Kaiser Wilhelm II. hat nicht
das Bedürfnis,° Mitarbeiter mit eigenen Ansichten zu — need
haben. Das Wort ‚Erfahrung'° aus meinem Mund ver- — experience
stimmt° ihn." — annoys

Zum offenen Konflikt führten jedoch Probleme der
Innenpolitik. Sein ganzes Leben lang hielt Bismarck
den Sozialismus für eine Gefahr, gegen die sich der
Staat schützen sollte. In der SPD sah er das Werkzeug° — tool
der „roten Gefahr". Weder die repressiven Gesetze der
achtziger Jahre noch Bismarcks Staatssozialismus hatte
die Gefahr gebannt.° Der Kanzler wollte unter dem — banished
neuen Kaiser den Kampf gegen den Sozialismus weiter-
führen.

Wilhelm II. hingegen wollte das Verbot der SPD auf-
heben.° Er war auch zu anderen Konzessionen bereit, — to repeal
um eine „rote Revolution" zu verhindern: mehr
Schutz für die Arbeiter, Verbot der Sonntagsarbeit,
höhere Löhne.° Wilhelm II. sprach gern von seinem — wages
„sozialen Gewissen";° Bismarck nannte solche Kon- — conscience
zessionen „Humanitätsduselei".° Der Kanzler hielt — humanitarian stupidity
solche Konzessionen für einen schweren politischen
Fehler. Je mehr man den Leuten gibt, desto mehr
wollen sie haben, meinte er.

Woher hatte der Kaiser sein „soziales Gewissen"?
Bismarck glaubte dies leicht erklären zu können. Er
sprach von schlechten und unverantwortlichen° Rat- — irresponsible
gebern, auf die Wilhelm II. nun hörte. Aus dieser
Kritik war klar zu sehen, was den alten Kanzler am
meisten schmerzte.° Fast drei Jahrzehnte hatte man in — hurt

---

[1] Herbert von Bismarck was Secretary of State at this time and continued to hold
the post for the rest of his father's tenure as chancellor.

Preußen auf ihn gehört. Der neue Kaiser hielt dies nicht mehr für notwendig. Wilhelm II. hörte nicht mehr auf ihn, sondern auf andere.

Der junge Kaiser wollte sofort beweisen, daß er ein „Arbeiterkaiser" war. Als 1889 die Kohlenarbeiter in Westfalen streikten, stellte sich Wilhelm II. auf die Seite der Arbeiter. „Gebt ihnen höhere Löhne, oder ich ziehe die Truppen zurück, die jetzt die Villen der Millionäre schützen." So drohte der neue Herrscher. Sein Kanzler sah die Sache anders. Bismarck dachte an die Folgen, die ein solcher Streik haben könnte. Er dachte an die Sicherheit des Reiches im Fall eines Krieges: „Wenn da die Sozis[2] streiken, ist der Krieg verloren, ehe er angefangen hat", meinte er.

Im Jahre 1890 lief das Sozialistengesetz ab.° Es war ein befristetes° Gesetz, das der Reichstag immer wieder erneuern mußte. Bismarck wollte ein unbefristetes und schärferes Gesetz gegen die Sozialisten. Sein neuer Kaiser war anderer Meinung. Bei einem Kronrat° am 23. Januar 1890 gab es den ersten offenen Konflikt zwischen ihnen. Es darf kein Blut fließen, forderte der Kaiser. Wir dürfen uns vor einem Zusammenstoß° mit den Sozialisten nicht fürchten, war Bismarcks Standpunkt. „Ich sehe immer mehr, daß ich nicht mehr an meinem Platz° bin", erklärte der Kanzler erregt° am Ende des Kronrates. Wilhelm war derselben Meinung, sagte es aber nicht öffentlich. Als Bismarck an diesem Abend zu Bett ging, weinte er. Nun wußte auch er, daß seine Ära zu Ende ging.

Die Wahlen im Februar desselben Jahres brachten für Bismarck und die Konservativen eine schwere Niederlage. Die Liberalen und die Sozialisten verdoppelten° ihre Mandate im Reichstag und hatten nun die Mehrheit. Der Kanzler mußte auf sein Sozialisten-

lief ab expired
befristetes limited (in time)

Kronrat imperial council

Zusammenstoß clash

Platz in the right place / erregt excited

verdoppelten doubled

---

[2] Sozis: abbreviation and nickname for "Sozialdemokraten".

gesetz verzichten. Ein Konflikt zwischen Kaiser und
Kanzler schien beseitigt.° Woran sich aber nichts ge-
ändert hatte, war der Plan des Kaisers, ohne den
„Alten" zu regieren. Ein Anlaß° zu diesem Schritt
fand sich bald.

Der Innenminister von Boetticher hatte sich in Fragen des Arbeiterschutzes auf die Seite des Kaisers gestellt. Bismarck hielt Boetticher von dieser Zeit ab für
einen undankbaren Intriganten. Der Kanzler be-
schwerte sich° über Boetticher; der Kaiser lobte ihn
und verlieh ihm einen hohen Orden.° Da erinnerte
Bismarck seinen Monarchen an einen Kabinettserlaß°
aus dem Jahre 1852: Minister dürfen ohne vorherige
Verständigung° mit dem Ministerpräsidenten beim
Monarchen nicht Vortrag halten.° So stand es in
diesem Erlaß.

Der Kaiser befahl sofort dem Kanzler, diesen Erlaß
aufzuheben. Bismarck erwiderte: Dieser Erlaß stammt
von einem Monarchen; nur ein Monarch kann ihn
wieder aufheben. Wilhelm II. wiederholte° seinen
Befehl; Bismarck schwieg. In den folgenden Tagen
schickte der Kaiser zweimal einen General zu seinem
Kanzler, um von ihm die Aufhebung° dieses Erlasses
zu bekommen. Bismarck lehnte ab. Nun befahl ihm
Wilhelm II., ins Schloß zu kommen, um persönlich
seinen Abschied zu erbitten.° Bismarck ging nicht ins
Schloß. Er möchte seinen Abschied schriftlich erbitten,
erklärte Bismarck. Und für einen solchen Brief braucht
man Zeit und Ruhe. Bismarck wußte, daß seine Ent-
lassung° unvermeidlich war. Aber er wollte sich Zeit
lassen° und mit Würde° abtreten.° Der junge Kaiser
hatte es eilig mit dem Abschied des Kanzlers; er wollte
nicht länger warten. Wilhelm II. wollte jedoch nicht
öffentlich zugeben, daß er den Kanzler entlassen hatte.
Bismarck ist selbst gegangen — so sollte die Welt den
Abschied des Kanzlers verstehen.

Am 18. März 1890 hatte Wilhelm II. das Abschiedsgesuch Otto von Bismarcks in seinen Händen. Er hatte sein Ziel erreicht: Der „Alte" ging. Am nächsten Tag sprach der Kaiser vor einer Gruppe von Offizieren vom „ungehorsamen° Minister, der Ordre nicht parieren will." Bismarck nannte einige Tage später unter Freunden Wilhelm II. den „sicheren Verderber° des Reiches". Es war höchste Zeit für diese beiden Männer, getrennte Wege zu gehen.

Am 27. März fuhr Bismarck zum Grab Wilhelms I.

5 disobedient

spoiler

Bismarcks Abschied aus Berlin: auf dem Bahnhof

und legte drei Rosen darauf. Zwei Tage später verließ
er Berlin. Sein Abschied aus der Stadt, in der er fast
drei Jahrzehnte die Geschichte Deutschlands geleitet
hatte, wurde zu einem Triumphzug für den 75jährigen
Kanzler. Auf dem Weg zum Bahnhof standen Tausende
von Menschen auf den Straßen und jubelten ihm zu.°   cheered him
Als Bismarck ernst aus dem Fenster seines Zuges
blickte, riefen die Leute: „Wiederkommen, wieder-
kommen!" Der alte Kanzler lächelte und schüttelte
leise° den Kopf. Als der Zug anfuhr, spielte die Kapelle   faintly
einen traurigen Marsch. Der französische Botschafter,
der auch anwesend° war, bemerkte: „Ein Leichen-   present
begräbnis° erster Klasse."   funeral

EXERCISES

I. Restate each sentence without changing its basic meaning, using the cue words in parentheses.

    Example: Seine Mutter hatte für Bismarck wenig Sympathien. (mögen / gar nicht)
    Seine Mutter mochte Bismarck gar nicht.

1. Er will anders regieren als seine Eltern. (nicht so ... wie / herrschen)
2. Denken Sie an das, was ich heute sage. (sich erinnern / Worte / aus-sprechen)
3. Mein Sohn wird Deutschlands Ruin sein. (unser Land / völlig / zerstören)
4. Er will beweisen, daß sie unrecht haben. (zeigen / sich irren)
5. Deutschland braucht mich jetzt noch mehr als zuvor. (nötig haben / nun / früher)
6. Der junge Kaiser hatte daran wenig Interesse. (sich interessieren für)
7. Noch kam es zu keinem offenen Konflikt zwischen dem Kaiser und seinem Kanzler. (es gibt / Kampf)

8. Wilhelm II. hört nicht mehr auf ihn. (Rat folgen + dat.)
9. Sein Kanzler sieht die Sache anders. (beurteilen / Situation)
10. Wir dürfen uns vor einem Zusammenstoß nicht fürchten. (Konflikt / Angst haben)
11. Zwei Tage später verließ er Berlin. (danach / ab-reisen)
12. Als Bismarck aus dem Fenster blickte, riefen die Leute: „Wiederkommen". (schauen aus / schreien / Menschen)

II. Describe briefly the following persons and events mentioned in Chapters IX–XI:
1. Der Berliner Kongreß
2. Der „Zweibund"
3. Friedrich III.
4. Victoria, die Frau Friedrichs III.
5. Wilhelm II.
6. Der Konflikt zwischen Bismarck und Wilhelm II. beim Kronrat im Jahre 1890.
7. Bismarcks Entlassung

III. Restate each sentence, using the modal auxiliaries suggested by the English cues in parentheses.

Example: Der alte Kanzler mußte sich tief bücken. (has to / did not want to)
Der alte Kanzler muß sich tief bücken.
Der alte Kanzler wollte sich nicht tief bücken.

1. Der junge Kaiser wollte anders sein. (wants to / had to / could / should)
2. Er wollte es beweisen. (must / must not / can)
3. Bismarck wollte mit seinen Beamten weiterregieren. (was not allowed / wants to / ought to / could not)
4. Der Staat soll sich dagegen schützen. (has to / wanted to / would like)

5. Der Kanzler mußte darauf verzichten. (did not want to / was not allowed to / has to)

IV. Form sentences with verbs in the present tense, then in the present perfect.

    Example: sich melden / Kanzler / beim / neu / Kaiser
    Der Kanzler meldet sich beim neuen Kaiser.
    Der Kanzler hat sich beim neuen Kaiser gemeldet.

1. denken über / Vater / Sohn / ähnlich
2. verlassen / Bismarck / Berlin / nach Audienz / mit Wilhelm II.
3. weiter-führen / Kampf / er / gegen / Sozialismus / wollen
4. halten für / Kanzler / solch / Konzessionen / politisch / Fehler
5. bringen / Niederlage / Wahlen / für / konservativ / Parteien
6. wissen / Bismarck / daß / Entlassung / unvermeidlich / sein

V. Insert the proper form of **kennen, wissen,** or **können** in each sentence.
1. Er ——— sich mit seinen Eltern nicht verstehen. (present tense)
2. Der Kaiser glaubte, den Weg zu Ruhm und Erfolg zu ———.
3. Bismarck ——— sehr bald, daß der junge Kaiser andere Pläne hatte. (past)
4. ——— Bismarck Russisch? (past)
5. ——— Sie die Gründe, die zu Bismarcks Entlassung führten? (present tense)
6. Was ——— Sie über den Konflikt zwischen dem Kaiser und dem Kanzler? (present tense)

XII
DIE LETZTEN JAHRE

Viele hatten Bismarck als Kanzler geachtet; noch mehr hatten ihn gefürchtet; wenige hatten ihn geliebt. Als Wilhelm II. Kaiser wurde, sahen viele im Kanzler das „sinkende Schiff". Die meisten Mitarbeiter Bismarcks wollten es verlassen, ehe es zu spät war. Als der Kanzler abtrat — oder abtreten mußte — blieben fast alle seine Mitarbeiter im Amt. Loyalität zum entlassenen Kanzler zeigten nur wenige. Eine Ausnahme° war sein Sohn Herbert, der seine Stelle als Staatssekretär im Auswärtigen Amt° aufgab. Für den abgetretenen Kanzler gab es von offizieller Seite weder Dank noch Tränen. Gestern dort, heute fort ...

Über den Rücktritt Herberts war Wilhelm II. nicht glücklich. Der Kaiser dachte wie sein Ratgeber Waldersee, ein Feind Bismarcks: „Die Sache macht sich vor der Welt besser, wenn Graf Herbert erst nach einiger Zeit dem Vater folgt." Die Welt sollte möglichst wenig von diesem Konflikt zwischen dem Kanzler und

° exception

° im... in the Department of State

dem Monarchen sehen und hören. Daher wünschte der Kaiser keinen offenen Bruch mit der Familie Bismarck. Wilhelm II. stattete Herbert von Bismarck sogar einen Besuch ab,° ehe dieser wie sein Vater Berlin verließ. Herbert öffnete für seinen hohen Gast eine Flasche Wein. „Jahrgang° 1859 — noch etwas jung und unreif, kann aber noch werden",° sagte Bismarcks Sohn laut und klar. 1859 war das Geburtsjahr des Kaisers.

    Im Ausland nahm man Bismarcks Entlassung ernster als in Berlin. Zar Alexander III. schrieb an seinen Botschafter in Berlin: „Mit ihm habe ich meinen besten Freund in Deutschland verloren." Lord Salisbury telegrafierte an Bismarcks Sohn Herbert: „Ein ungeheures° Unglück, dessen Folgen man in jedem Teil Europas fühlen wird." Und der italienische König Humbert fragte Wilhelm II.: „Willst du den Krieg?" Die Staatsmänner und Monarchen anderer Länder sahen, was der deutsche Kaiser nicht sehen wollte: Ohne Bismarck trat Europas Politik in eine neue gefährliche Ära. Es war ein Risiko, das sich wenige wünschten.

    Bismarck war an Erfolge, Siege und Macht gewöhnt.° Als junger Mann hatte er einmal gesagt: „Ich will aber Musik machen, wie ich sie für gut erkenne° — oder gar keine." Es fiel ihm schwer, gar keine zu machen. Die Rolle des Zuschauers° zu spielen, hatte er nie gelernt. Er fühlte sich verraten° und verlassen. „Mir geht es wie Friedrich dem Großen", sagte er verbittert; „je näher ich die Menschen kennenlerne, desto mehr liebe ich — die Hunde. Auf sie ist mehr Verlaß."°

    Bismarck war aber nach seiner Entlassung nur vom offiziellen Deutschland verlassen und vergessen. Für das deutsche Volk war er immer noch *der* Kanzler des Reiches. Im Juni des Jahres 1892 reiste Bismarck nach

stattete einen Besuch ab called upon
Jahrgang vintage
but may have a future

tremendous

accustomed
deem

spectator
betrayed

reliance

Eine englische Reaktion zu Bismarcks Entlassung

Wien, um der Hochzeit seines Sohnes Herbert mit der
Gräfin Hoyos beizuwohnen.° Diese Reise wurde zu   to attend
einem Triumphzug für den alten Staatsmann. Überall,
wo sein Zug hielt, begrüßten ihn Tausende von Menschen. Warum jubelten sie dem alten Mann zu, der
jetzt weder Macht noch Stellung hatte? Einem Mann,
der während seiner Amtszeit nie Wert auf Popularität

gelegt° hatte. Bismarck war für sie das Symbol der deutschen Einheit. Das Volk hatte nicht vergessen, was er geschaffen hatte. Es war dankbarer als sein neuer Monarch, der den Kaisertitel dieses Reiches trug.

Wilhelm II. und der neue Kanzler Caprivi warfen Schatten° auf Bismarcks späten Triumph. Bismarck hatte um eine Audienz beim österreichischen Kaiser Franz Josef gebeten. Dieser war bereit, ihn zu empfangen.° Wilhelm II. bat jedoch den österreichischen Monarchen, den „ungehorsamen Untertan"° nicht zu empfangen. Franz Josef erfüllte den Wunsch seines kaiserlichen Kollegen. Caprivi ging einen Schritt weiter. Er verbot der Deutschen Botschaft° in Wien, einen Vertreter zu der bismarckschen Hochzeit zu schicken. Die Frau des deutschen Botschafters kam trotzdem zur Hochzeit. „Mein Mann dient, ich diene nicht", sagte sie mit Tränen in den Augen. Bismarck war über Caprivi so empört,° daß er ihn zum Duell fordern° wollte.

Bismarck war nie ein guter Verlierer gewesen. Das Erlebnis in Wien verstärkte seinen Zorn° gegen die Männer, die nun an der Macht waren. Sein privater Krieg gegen sie hatte aber schon früher begonnen. Sehr bald nach seiner Entlassung. Die Welt sollte wissen, was er über das neue Regime und dessen Politik zu sagen hatte; und er hatte nicht viel Gutes zu sagen. Er führte diesen Krieg mit den Waffen des Publizisten. Mit Memoiren, Zeitungsartikeln, Interviews und öffentlichen Reden. „Ich kann mich nicht wie ein stummer Hund verhalten";° so erklärte er seine neue Rolle als Kritiker.

Er holte seinen alten Mitarbeiter Lothar Bucher nach Friedrichsruh, um mit dessen Hilfe seine Memoiren *Gedanken und Erinnerungen* zu schreiben. Objektive Geschichte konnte und wollte der entlassene Kanzler nicht schreiben. Er wollte erklären, überzeugen, beschuldigen° und entschuldigen — aber nicht berichten.

In den „Hamburger Nachrichten" fand er das Instrument für seine journalistischen Angriffe gegen das neue Regime. Allein im Jahre 1892 schrieb er über hundert Artikel für diese Zeitung, die meisten anonym. Scharf und offen kritisierte er seinen Nachfolger und die Regierung; indirekt den Kaiser.

Bismarck freute sich über Besucher, die seine Meinungen teilten. Sein Gut Friedrichsruh wurde ein Zentrum der Opposition, ein Zentrum der Unzufriedenen.° Seine Popularität war auf einmal viel größer als während seiner Amtszeit. Bismarcks Gut wurde eine Touristenattraktion wie die Loreley. Krieger- und Gesangvereine,° Turner und Schützen° fuhren an Sonntagen in Sonderzügen° nach Friedrichsruh. Geschäftsleute nützten die neue Popularität des entlassenen Kanzlers. Es gab nun Bismarck-Heringe, Bismarck-Hemden und viele andere Artikel mit seinem Namen. In vielen Städten Deutschlands baute man Bismarck-Denkmäler° und nannte Straßen und Plätze nach ihm.

Dies war eine Form von Popularität, die der alte Kanzler nicht liebte. Ja, er empfand sie als peinlich.° „Sie kommen, um das Rhinozeros zu sehen", meinte er, als er die vielen Leute in Friedrichsruh sah. Doch als ein Symptom des Protestes gegen das neue Regime akzeptierte er auch diese peinliche Popularität.

Dem Kaiser und seiner Regierung machte der stille Krieg mit dem entlassenen Kanzler Sorgen. Mit dieser Reaktion des Volkes hatten sie nicht gerechnet. Als sich Bismarck in den Reichstag wählen ließ, wurde diese Sorge noch größer. Wollte der alte Herr auf diese Weise wieder aktiver Politiker werden? Die Sorge war unberechtigt. Bismarck übte sein Mandat nie aus.° Seinen Feinden in Berlin fiel ein großer Stein vom Herzen.°

Wilhelm II. wünschte keine offene Feindschaft mit dem populären Mann. Nach einer schweren Erkrankung Bismarcks im Sommer des Jahres 1893 schickte der Kaiser durch seinen Adjutanten eine Flasche besten Rheinweines. Es war eine Geste der Höflichkeit;° Bismark dankte ebenso höflich. Frau Johanna sagte dem Adjutanten offen, wie sie empfand: „Ich kann nicht vergessen, und will es nicht ... Was mit mir wird, ist mir gleich — aber ihm wehtun,° das will ich nicht verzeihen." Im Januar 1894 machte Bismarck einen Höflichkeitsbesuch beim Kaiser in Berlin. Beide Männer waren korrekt, aber kalt zueinander. Es gab keine Versöhnung.° Aber das Volk jubelte beiden zu, als der Kaiser seinen früheren Kanzler zum Bahnhof begleitete. Das Volk freute sich — an einer Illusion.

Wie verbittert Bismarck über seinen neuen Herrn war, zeigt eine kleine Episode. Bismarck trug meistens einige Fünfmarkstücke° bei sich. Diese Geldstücke hatten auf einer Seite den Reichsadler, auf der anderen ein Porträt Wilhelms II. Vor dem Schlafen nahm er die Geldstücke aus der Tasche° und legte sie auf den Tisch. Dabei bemerkte sein Sohn Herbert, daß er sie oft umdrehte.° Der Reichsadler° mußte immer nach oben liegen. „Warum tust du das?" fragte ihn Herbert. „Ich mag das falsche Gesicht nicht sehen", antwortete bitter sein Vater.

Im November 1894 starb Bismarcks Frau Johanna in Varzin. Nach dem Begräbnis blieb er allein beim Sarg° stehen und streichelte° ihn. Er hatte den Menschen verloren, der ihm am treuesten geblieben war. Nun fühlte er sich einsamer als je zuvor. „Was mir blieb, war Johanna", schrieb er an seine Schwester. „Heute ist alles öde° und leer ... Ich bin müder geworden seit der Katastrophe." Bald darauf verließ er sein geliebtes Gut Varzin. Er kehrte nie mehr dorthin zurück.

Im folgenden Jahr wurde Bismarck 80 Jahre alt.
Überall in Deutschland feierte° man seinen Geburts-   celebrated
tag. Fürsten, Politiker, Studenten, Menschen aus allen
Kreisen° kamen nach Friedrichsruh, um ihn zu be-   walks of life
glückwünschen. Auch der Kaiser besuchte ihn kurz.
Der Reichstag stimmte jedoch gegen einen Antrag,°   motion
dem alten Kanzler Glückwünsche zu schicken. Dort
hatten seine alten politischen Feinde, das Zentrum,
die Sozialisten, die Polen und die Elsässer die Mehrheit.
Diese Politiker waren nicht bereit, den Mann zu ehren,
der das neue Reich geschaffen hatte.

Glückwünsche oder keine Glückwünsche — es än-
derte sich nichts an der zunehmenden Einsamkeit° des   increasing loneliness
alten Kanzlers. „Ich habe zu lange gelebt. Zu lange
für mich selbst", meinte er. Nie war seine Sorge um
die Zukunft des Reiches größer als in seinen letzten
Jahren. „Es ist nicht leicht, den Bau° erschüttert zu   construction
sehen, an dem man gebaut", sagte er melancholisch.

Im eigenen Land war es der Kampf zwischen den
politischen Parteien, in dem er den „deutschen Erbfeind"° sah. Sie sprachen ihm zuviel von „Freiheit"   sworn enemy
und „frei sein". Skeptisch meinte er: „Ich traue dem
Wort nicht ..., weil keiner die Freiheit für alle will;
jeder will sie für sich haben."

In der Außenpolitik des Kaisers und seiner Nachfolger sah er den Weg zur internationalen Katastrophe.
Seine Außenpolitik war eine Politik der Sicherheit und
der Kompromisse gewesen; Wilhelm II. proklamierte
für Deutschland „den Platz an der Sonne". Zu alten
Freunden sagte Bismarck: „Der junge Herr wird alles
zerstören, was ich für Deutschland getan habe." Es
waren pessimistische Worte, aber die Geschichte hat
ihm recht gegeben.

Bismarck hatte nie sehr auf seine Gesundheit ge-
achtet,° sehr zum Leidwesen° seiner Ärzte. Er trank   paid attention / regret
und aß zuviel, verwendete fast nie einen Regenschirm°   umbrella

Otto von Bismarck — der erste Kanzler des Deutschen Reiches

und fuhr zu allen Jahreszeiten im offenen Wagen. Seine robuste Natur siegte mehrmals über schwere Erkrankungen. Nur seine nervösen Gesichtsschmerzen° wurde er nie los. Sie plagten° ihn schon seit Jahrzehnten; er hatte gelernt, damit zu leben. facial pain
tormented

Im Sommer des Jahres 1897 erkannte sein langjähriger Arzt Dr. Schweninger die ersten Symptome einer Krankheit, für die es keine Heilung gab: Altersbrand.° „Der Fürst hat nur noch ein Jahr zu leben", war seine Diagnose. Am 30. Juli 1898 kam das Ende. Seine beiden Söhne mit ihren Frauen waren in seiner letzten Stunde bei ihm. old age gangrene

In einem kleinen Mausoleum in der Nähe seines Hauses fand er seine letzte Ruhestätte. Auf dem Sarg steht die Inschrift, die er selbst gewählt° hatte: chosen

FÜRST OTTO VON BISMARCK
Ein treuer deutscher Diener Kaiser Wilhelms I.

EXERCISES

I. Complete the sentences using the verbs suggested by the English cues. Then restate the sentences, putting the verbs into the present tense.
1. Viele hatten Bismarck ... (feared / known / respected)
2. Die Welt sollte möglichst wenig davon ... (hear / know / see)
3. Es fiel ihm schwer, ... (to accept it / to understand it / to forget it)
4. Der Kanzler reiste nach Wien, ... (in order to attend the wedding / to visit the city / to sign a treaty)
5. Herbert öffnete für seinen Gast ... (a bottle of wine / the door / the letter)

II. Using a suitable interrogative, ask a question to which the italic part of the original sentence gives the answer.

Example: *Die meisten Mitarbeiter* wollten Bismarck verlassen.
Wer wollte Bismarck verlassen?
Die meisten Mitarbeiter wollten *Bismarck* verlassen.
Wen wollten die meisten Mitarbeiter verlassen?

1. Für *den abgetretenen Kanzler* gab es von offizieller Seite weder Dank noch Tränen.
2. Herbert öffnete *eine Flasche Wein*.
3. Die Staatsmänner *anderer Länder* sahen es.
4. *Im Ausland* nahm man Bismarcks Entlassung ernster als in Berlin.
5. Er fühlte sich *verraten und verbittert*.
6. Im Juni des Jahres 1892 reiste Bismarck nach Wien, *um der Hochzeit seines Sohnes beizuwohnen*.
7. *Im Jahre* 1892 schrieb er über hundert Artikel für diese Zeitung.

III. Supply a suitable conjunction.

1. Viele hatten Bismarck geachtet, ——— wenige hatten ihn geliebt.
2. Der Kaiser stattete Herbert von Bismarck einen Besuch ab, ——— dieser Berlin verließ.
3. Je näher ich die Menschen kennenlerne, ——— mehr liebe ich die Hunde.
4. Überall begrüßten ihn Tausende von Menschen, ——— sie wollten den alten Kanzler sehen.
5. Sie kam zur Hochzeit, ——— Wilhelm II. es nicht wünschte.
6. Bismarck war so empört, ——— er den neuen Kanzler zum Duell fordern wollte.
7. Überall baute man Bismarck-Denkmäler, ——— das Volk den alten Staatsmann ehren wollte.
8. Das Volk jubelte beiden zu, ——— der Kaiser seinen früheren Kanzler zum Bahnhof begleitete.

IV. Say the following phrases in German.

Example: in many cities of Germany
in vielen Städten Deutschlands

1. in all cities of Germany
2. in a few cities of Germany
3. in some cities of Germany
4. in the old cities of Germany
5. in these cities of Germany

V. Use each of these adjectives in a sentence as
(a) a predicative adjective
(b) an adverb
(c) an attributive adjective.

Example: gut
(a) **Der Wein ist gut.**
(b) **Der Wein schmeckt gut.**
(c) **Ich trinke gern guten Wein.**

1. glücklich
2. jung
3. gefährlich
4. schwer
5. dankbar
6. neu
7. groß
8. alt

ZEITTAFEL
über Bismarcks Leben und Wirken

1815	1. April	Otto von Bismarck in Schönhausen/Altmark geboren
1832–1835		Studium an den Universitäten Göttingen und Berlin
1835–1838		Referendar bei Gerichten in Berlin, Aachen und Potsdam
1847	Mai	Erste Rede im Vereinigten Preußischen Landtag
	Juli	Vermählung mit Johanna von Puttkamer
1848		Revolution in Berlin
1849	Februar	Wahl in den Preußischen Landtag
	Dezember	Geburt seines ersten Kindes (Sohn Herbert)
1850	November	Vertrag von Olmütz zwischen Österreich und Preußen
1851	August	Ernennung zum Preußischen Gesandten beim Deutschen Bund in Frankfurt
1859	Januar	Preußischer Gesandter in Petersburg
1861	Januar	Wilhelm I. wird König von Preußen
1862	Mai	Preußischer Gesandter in Paris
	Oktober	Ernennung zum Preußischen Ministerpräsidenten
1862–1866		Verfassungskonflikt in Preußen
1864	April	Preußisch-österreichischer Krieg gegen Dänemark
1865	August	Vertrag von Gastein: Abkommen zwischen Preußen und Österreich über Schleswig-Holstein
	September	Bismarck erhält den Grafentitel

1866	Juni	Krieg Preußens gegen Österreich, Hannover und die süddeutschen Staaten
1866	August	Friede von Prag: Österreich gibt die führende Stellung in Deutschland an Preußen ab
	September	Bismarck erhält vom Preußischen Landtag die „Indemnität" (Ende des Verfassungskonfliktes)
	September	Preußen annektiert Hannover, Kurhessen und Frankfurt
1867	Februar	Gründung des Norddeutschen Bundes
1870	13. Juli	Veröffentlichung der „Emser Depesche"
	19. Juli	Frankreich erklärt Krieg an Preußen
1871	18. Januar	Proklamation Wilhelms I. in Versailles zum Deutschen Kaiser
	März	Friedensvertrag mit Frankreich
	März	Bismarck erhält den Titel „Fürst von Lauenburg"
	April	Reichsverfassung vom Reichstag angenommen
1872	Januar	Beginn des Kulturkampfes
1873	Mai	Erlaß der „Maigesetze" des Kulturkampfes
	Oktober	Drei-Kaiser-Abkommen
1878	Mai-Juni	Zwei Attentate auf Wilhelm I; Auflösung des Reichstages
	Juni	Berliner Kongreß unter Bismarcks Vorsitz
	Oktober	Annahme des ersten Sozialistengesetzes
1879	Oktober	Zweibund zwischen Deutschland und Österreich
1880		Aufhebung oder Abschwächung der „Maigesetze"; Ende des Kulturkampfes
1881	Juni	Drei-Kaiser-Abkommen zwischen Deutschland, Österreich-Ungarn und Rußland
1882	Mai	Dreibund zwischen Deutschland, Österreich-Ungarn und Italien
1884		Deutschland erwirbt seine ersten Kolonien (Südwestafrika, Kamerun, Togo)
1887	Juni	Rückversicherungsvertrag mit Rußland
1888	März	Tod Kaiser Wilhelms I.
	Juni	Tod Kaiser Friedrichs III.
1890	Januar	Ablehnung des Sozialistengesetzes
	März	Entlassung Bismarcks durch Kaiser Wilhelm II.
1894	November	Tod Johanna von Bismarcks
1895	April	Feiern zum 80. Geburtstag Bismarcks
1898	30. Juli	Tod Otto von Bismarcks

WÖRTERVERZEICHNIS

This vocabulary is intended to include all the words used in the text of the book, with the exception of personal and possessive pronouns. Only a few names of persons and places have been listed.

Nouns are shown in the nominative singular. The usual abbreviations are employed to indicate in addition the genitive singular and nominative plural forms for masculine and neuter nouns, and the nominative plural for feminine nouns. Where a word is used only rarely in the plural, no plural form is shown.

The three principal parts are given for strong and irregular verbs. For weak verbs only the infinitive is shown. A separable prefix is indicated by a hyphen.

German words are normally accented on the first syllable. Verbs with inseparable prefixes carry the accent on the root syllable. When these rules do not apply, the accent is indicated with a dot: for example, **absolut**.

A

(das) **Aachen**   city in Western Germany
ab   from, away, off, down
ab-danken   to abdicate
der **Abend, -s, -e**   evening
das **Abenteuer, -s, -**   adventure
die **Abenteuerlust**   desire for adventure
aber   but
ab-geben (gibt ab), gab ab, abgegeben   to give up, hand over
der **Abgeordnete, -n, -n**   representative
das **Abgeordnetenhaus, -es**   House of Representatives
das **Abkommen, -s, -**   agreement, pact, treaty
ab-laufen (läuft ab), lief ab, abgelaufen   to expire
ab-lehnen   to decline; to reject
die **Abneigung, -en**   dislike, aversion
ab-reisen   to depart
der **Abschied, -(e)s, -e**   farewell;
  Abschied nehmen   to say good-bye

das Abschiedsgesuch   letter of resignation
ab-schlagen (schlägt ab), schlug ab, ab-
   geschlagen   to cut off
ab-schließen, schloß ab, abgeschlossen
   to finish, conclude
ab-schrecken   to frighten away
die Absicht, -en   intention
absolut   absolute
ab-statten   to call upon
ab-stimmen   to vote
ab-treten (tritt ab), trat ab, abgetreten
   to cede; to step down
(sich) ab-wenden, wandte ab, abgewandt
   to turn away
acht   eight
achtbar   respectable
achten   to respect; to take care of
die Achtzigerjahre   the eighties
der Adel, -s   nobility
der Adelige, -n, -n   nobleman
der Adjutant, -en, -en   aid
(das) Afrika, -s   Africa
aggressiv   aggressive
(das) Ägypten, -s   Egypt
ahnen   to foresee, guess
ähnlich   similar
die Akte, -n   file, report
die Aktiengesellschaft, -en   stock company
aktiv   active
akzeptieren   to accept
alle   all
allein   alone
allerdings   indeed; surely
alles   everything
allgemein   general
Der Allgemeine Deutsche Arbeiterverein
   General German Worker's Union
die Allianz, -en   alliance
als   as; when; than
allseitig   universal
also   thus; therefore
alt   old
das Alter, -s, -   age
der Altersbrand, -(e)s   old age gangrene
die Altersversicherung, -en   old age insurance, social security

der Altkatholik, -en, -en   Old Catholic
die Altmark   region in northeastern Germany
am = an dem
die Ambition, -en   ambition
der Amerikaner, -   American
amerikanisch   American
das Amt, -(e)s, ⸚er   office
die Amtszeit, -en   term of office
an   at; on; to; by
die Anarchie, -n   anarchy
der Anarchist, -en, -en   anarchist
anarchistisch   anarchic
an-bieten, bot an, angeboten   to offer
ander-   other
andermal   another time
ändern   to change
anderswo   somewhere else
an-erkennen, erkannte an, anerkannt
   to recognize
an-fahren (fährt an), fuhr an, ist angefahren   to begin; to move
der Anfang, -(e)s, ⸚e   beginning
an-fangen (fängt an), fing an, angefangen
   to begin
anfangs   in the beginning, at first
angeblich   alleged(ly)
an-gehören   to belong to
die Angelegenheit, -en   matter
an-greifen, griff an, angegriffen   to attack
der Angreifer, -s, -   attacker
der Angriff, -(e)s, -e   attack
der Anhänger, -s, -   supporter
der Anker, -s, -   anchor
der Anlaß, -sses, ⸚sse   occasion
die Anleihe, -n   loan
die Annahme, -n   acceptance
an-nehmen (nimmt an), nahm an, angenommen   to accept
annektieren   to annex
die Annexion, -en   annexation
anonym   anonymous
(sich) an-passen   to adjust
an-schließen, schloß an, angeschlossen
   to join
an-sehen (sieht an), sah an, angesehen
   to look at, consider

die Ansicht, -en opinion
der Anspruch, -(e)s, ⸚e demand, claim
anständig decent
die Anstellung, -en employment
an-stoßen (stößt an), stieß an, angestoßen to bump against; to toast
antideutsch antigerman
antirömisch antiroman
an-treten (tritt an), trat an, angetreten to begin; to set out (on)
an-tun, tat an, angetan to bewitch; **es einem an-tun** to fascinate
die Antwort, -en answer
antworten to answer
an-wenden, wandte an, angewandt to employ; to make use of
anwesend present
(sich) an-zünden to light
der Apfel, -s, Äpfel apple
der April, -s April
die Ära, - era
die Arbeit, -en work
arbeiten to work
der Arbeiter, -s, - worker
die Arbeiterbewegung, -en worker's movement
das Arbeiterhaus, -es, ⸚er worker's house
der Arbeiterkaiser, -s, - worker's emperor
der Arbeiterschutz, -es protection of the worker
der Arbeitgeber, -s, - employer
(sich) ärgern to annoy
argumentieren to plead
arm poor
die Armee, -n army
arrogant arrogant
die Arroganz arrogance
die Art, -en kind; **auf diese Art** in this way
der Artikel, -s, - article
der Arzt, -es, ⸚e physician
(das) Asien, -s Asia
das Asyl, -s, -e asylum
atheistisch atheistic
das Attentat, -(e)s, -e attempt on s.o's life
der Attentäter, -s, - one who makes an attempt on s.o's life

auch also
die Audienz audience (with), interview
auf on, upon
der Aufenthalt, -(e)s, -e stay; visit
die Auffassung, -en view
auf-fordern to urge, order
die Aufgabe, -n task
auf-geben (gibt auf), gab auf, aufgegeben to give up; to sacrifice
auf-gehen, ging auf, aufgegangen to be merged in; to open
auf-heben, hob auf, aufgehoben to repeal
die Aufhebung, -en repeal
auf-lösen to dissolve
die Auflösung, -en dismissal; disbandment
die Aufregung, -en excitement
aufs = auf das
auf-schieben, schob auf, aufgeschoben to delay
der Aufschub, -s, ⸚e delay
der Aufseher, -s, - guard
auf-stehen, stand auf, ist aufgestanden to get up, rise
auf-steigen, stieg auf, ist aufgestiegen to rise, ascend
der Aufstieg, -(e)s rise; ascent
auf-teilen to partition, distribute
das Auge, -s, -n eye
der Augenblick, -s, -e moment
der August, -s, -e August
aus from; out of
die Ausbildung training, education
die Auseinandersetzung, -en dispute, quarrel
aus-führen to carry out; to export
die Ausgabe, -n expense
aus-geben (gibt aus), gab aus, ausgegeben to give out; to spend
aus-hungern to starve
das Ausland, -(e)s foreign country
der Ausländer, -s, - foreigner
ausländisch foreign
die Auslandsreise, -n trip abroad
die Ausnahme, -n exception
aus-rufen, rief aus, ausgerufen to proclaim

WÖRTERVERZEICHNIS

aus-schlagen (schlägt aus), schlug aus, ausgeschlagen to kick
aus-schließen, schloß aus, ausgeschlossen to bar from
der Ausschluß, -sses, ⸚sse expulsion
aus-sehen (sieht aus), sah aus, ausgesehen to appear, look
der Außenminister, -s, - Minister of Foreign Affairs
die Außenpolitik foreign policy
außenpolitisch referring to foreign policy
die Außenwelt outside world
außer out of; to put out of
außerdem moreover
aus-sprechen (spricht aus), sprach aus, ausgesprochen to express
aus-üben to exercise
die Auswahl choice; selection
das Auswärtige Amt, -(e)s, Ämter State Department
aus-weichen, wich aus, ist ausgewichen to avoid
aus-werfen (wirft aus), warf aus, ausgeworfen to throw out
aus-ziehen, zog aus, ausgezogen to undress, take off
die Autorität authority

B

der Bahnhof, -(e)s, ⸚e railroad station
bald soon
der Balkan, -s Balkan peninsula
die Balkankrise, -n Balkan crisis
baltisch Baltic
der Bankrott, -(e)s, -e bankruptcy
bannen to ban
der Barbar, -en, -en barbarian
die Barbarei, -en barbarianism
der Bau, -(e)s, -ten building
bauen to build
der Bauer, -n, -n farmer, peasant
der Baum, -(e)s, ⸚e tree
der Bayer, -n, -n Bavarian
bay(e)risch Bavarian
(das) Bayern, -s Bavaria
beabsichtigen to intend
der Beamte, -n, -n civil servant

beanspruchen to have for one's self, claim
beantworten to answer
bedauern to regret
bedeuten to mean
bedeutend important
die Bedingung, -en condition
bedrohen to threaten
das Bedürfnis, -ses, -se need
die Beeinflussung, -en (exertion of) influence
beenden to finish
die Beendigung termination; ending
der Befehl, -s, -e order
befehlen (befiehlt), befahl, befohlen to order
sich befinden, befand, befunden to be present; to be located
das Befinden, -s health
befördern to promote
befreien to free
der Befreiungskrieg, -(e)s, -e war of liberation
die Befriedigung satisfaction
befristet limited (in time)
befürchten to be afraid of
begegnen to meet
sich begeistern to be enthusiastic
der Beginn, -(e)s beginning, start
beginnen, begann, begonnen to begin
begleiten to accompany
beglückwünschen to congratulate
das Begräbnis, -ses, -se funeral
begrüßen to greet
behandeln to treat
die Behandlung, -en treatment
behaupten to state, claim
die Beherrschung self-control
bei at; near; with
beide both
beieinander together
bei-legen to attach (value) to
das Bein, -(e)s, -e leg
das Beispiel, -s, -e example;
  z. B. = zum Beispiel for example
bei-stehen, stand bei, beigestanden to help
bei-wohnen to attend

bekämpfen to fight
bekannt (well)known
die Bekanntschaft acquaintance
bekommen, bekam, bekommen to get; to receive
der Belagerer, -s, - besieger
belagern to besiege
die Belagerten (pl.) the besieged (ones)
die Belagerung, -en siege
belasten to burden
beleidigen to insult
die Beleidigung, -en insult
beliebt popular
bemerken to notice; to mention
beobachten to observe
der Beobachter, -s, - observer
beraten (berät), beriet, beraten to deliberate
berechtigt justified
bereit ready
bereiten to cause
bereits already
berichten to report, tell
berüchtigt notorious
der Beruf, -(e)s, -e profession
beruflich professional
berühmt famous
bescheiden modest
beschießen, beschoß, beschossen to shell
beschlagnahmen to confiscate
beschließen, beschloß, beschlossen to decide
(sich) beschränken to restrict, limit
beschreiben, beschrieb, beschrieben to describe
beschuldigen to accuse
sich beschweren to complain
beseitigen to do away with; to kill; to eliminate
besetzen to occupy
die Besetzung occupation
besiegen to defeat
der Besitz, -es, -e possession
besitzen, besaß, besessen to possess, own
besonder particular, special
besonders especially
besorgt sein to be concerned

besser better; **eines Besseren belehren** to set right
sich bessern to improve
best- best
bestätigen to confirm
bestmöglich best possible
besuchen to visit
der Besucher, -s, - visitor
die Betätigung, -en action, activity
betonen to stress
betreiben, betrieb, betrieben to pursue
betreten (betritt), betrat, betreten to enter
betrügen, betrog, betrogen to cheat
das Bett, -es, -en bed
betteln to beg
bewaffnet armed
bewahren to preserve
die Bewegung, -en movement
beweisen, bewies, bewiesen to prove
bewilligen to grant
die Bewilligung, -en permission
der Bewunderer, -s, - admirer
bewundern to admire
die Bewunderung admiration
bezeichnen to call
die Beziehung, -en relation
bezweifeln to doubt, question
die Biersteuer, -n beer tax
(sich) bieten, bot, geboten to offer, present
die Bildung education; formation
billigen to approve
binden, band, gebunden to bind, tie
die Bindung, -en tie
bis until
der Bischof, -s, ⸚e bishop
bisher up to now
das Bismarckbild picture of Bismarck
die Bitte, -n request
bitten, bat, gebeten to ask, request
bitter bitter
bleiben, blieb, ist geblieben to remain; to stay
bleich pale
blicken to look
bloß only

WÖRTERVERZEICHNIS   139

das Blut, -(e)s, blood
der Boden, -s, ⸗ foundation; ground
(das) Böhmen, -s Bohemia
böse bad, evil
böse sein to be angry
der Bösewicht, -es -e villain
die Botschaft, -en message; embassy
der Botschafter, -s, - ambassador
der Boykott, -(e)s, -e boycott
brauchen to need; to use
die Braut, ⸗e fiancée
brechen (bricht), brach, gebrochen to break
brennen, brannte, gebrannt to burn
der Brief, -(e)s, -e letter
die Briefmarke, -n stamp
bringen, brachte, gebracht to bring
der Bruch, -(e)s, ⸗e breach; break
der Bruder, -s, ⸗ brother
der Bruderkrieg, -es, -e war of brothers
brutal brutal, cruel
das Buch, -es, ⸗er book
sich bücken to bow
das Budget, -s, -s budget
der Bulgare, -n, -n Bulgarian
der Bumerang, -(e)s, -s boomerang
der Bund, -es, ⸗e federation
der Bundeskanzler, -s, - federal chancellor
der Bundesrat, -(e)s Federal Council
der Bundesstaat, -(e)s, -en (federal) state
der Bundestag, -(e)s Federal Diet
das Bündnis, -ses, -se alliance
das Bündnissystem, -s, -e system of alliance
bürgerlich middle-class minded
der Bürgermeister, -s, - mayor
der Bürgerstand, -(e)s, middle class
das Bürgertum, -(e)s bourgeoisie

C

der Champagner, -s champagne
die Chance, -n chance
der Charakter, -s, -e character
der Chef, -s, -s commander; chief, boss
der Chinese, -n, -n Chinese
der Chirurg, -en, -en surgeon

christlich Christian
der Coup, -s, -s, (Coup d'état) coup d'état

D

dabei there; with it; near by
dafür for it
dagegen against it
daher therefore
dahin until then
damals at that time; then
die Dame, -n lady
damit with it
der Damm, -(e)s, ⸗e dam
der Däne, -n, -n Dane
(das) Dänemark, -s Denmark
dänisch Danish
dank thanks to
der Dank, -es gratitude
dankbar grateful
danke thank you
dann then
daran in that, on that
darauf afterwards, upon it
darin in it
dar-stellen to present
darüber about it; over it
darum therefore
darunter among them
daß that
dauern to last, continue;
  auf die Dauer in the long run
davon of it
die Debatte, -n debate
das Debüt, -s, -s first appearance, début
der Degen, -s, - sword
der Deichhauptmann, -(e)s, Deichhauptleute superintendent of dikes
dekadent decadent
die Delegation, -en delegation
der Demokrat, -en, -en democrat
die Demokratie, -n democracy
demokratisch democratic
demütigen to humble
die Demütigung, -en humiliation
denken, dachte, gedacht to think
das Denken, -s thinking
das Denkmal, -s, -e monument

denn for, because
die Depesche, -n telegram, wire
derselbe, dieselbe, dasselbe the same
deutsch German
der Deutsche, -n, -n German
der Deutsche Bund *loose confederation of German states (1815–1866)*
(das) Deutschland, -s Germany
Deutsch-Ostafrika, -s German-East-africa
deutschsprechend German speaking
der Dezember, -s, - December
die Diagnose, -n diagnosis
der Dialog, -(e)s, -e dialogue
der Dichter, -s, - poet, writer
dienen to serve
der Diener, -s, - servant
der Dienst, -(e)s, -e service
die Dienstzeit, -en enlistment period
dies this
die Diktatur, -en dictatorship
die Dimension, -en dimension
das Ding, -(e)s, -e thing; matter
die Diözese, -n diocese
die Diplomatensprache, -n language of the diplomats
die Diplomatie diplomacy
diplomatisch diplomatic
direkt direct
die Diskrepanz, -en discrepancy
die Diskussion, -en discussion
diskutieren to discuss
die Distanz, -en distance
doch yet; however; after all;
   oh doch yes, indeed
die Dogge, -n Great Dane
das Dogma, -s, Dogmen dogma
dominieren to dominate
die Doppelmonarchie Dual Monarchy *(Austria-Hungary 1867–1918)*
das Dorf, -(e)s, ⸗er village
dort there
dorthin there, that way
das Drama, -s, Dramen drama
drängen to push, urge; to throng
drehen to turn
drei three

der Dreibund, -(e)s alliance between three nations
das Drei-Kaiser-Abkommen, -s agreement between three emperors
die Drei-Mächte-Deklaration three power declaration
dreißig thirty
die Dreißiger Jahre the thirties
der Dreißigjährige Krieg the Thirty Years' War
der Dritte, -n the third
drohen to threaten
der Druck, -(e)s, -e pressure; print, printing
das Duell, -s, -e duel
dumm stupid
dunkel dark
durch through
durch-führen to carry out
(sich) durch-pauken to make one's way
durch-sehen (sieht durch), sah durch, durchgesehen to look through
durch-setzen to succeed; to push through
dürfen (darf), durfte, gedurft to be permitted to, may
düster gloomy, dark
die Dynastie, -n dynasty
dynastisch dynastic

E

eben just; plain
   eben nicht precisely not
ebenfalls likewise
ebenso just as
echt genuine, true, authentic
egoistisch selfish
ehe before
die Ehe, -n marriage
die Ehre, -n honor
ehren to honor
der Ehrgeiz, -es ambition
ehrgeizig ambitious
ehrlich honest
die Eiche, -n oak
die Eifersucht jealousy
eigen own
eigensinnig stubborn

WÖRTERVERZEICHNIS   *141*

eigentlich true, real; actually
eigenwillig arbitrary
sich eignen to be qualified
eilig hasty; speedy;
  es eilig haben to be in a hurry
ein a, an; one
einander each other
einfach simple
der Einfluß, -sses, ⸗sse influence
die Einflußzone, -n zone of influence
ein-führen to import; to introduce
ein-greifen, griff ein, eingegriffen to intervene, interfere with; to join
die Einheit unity
einige some, a few
(sich) einigen to unite; to agree
die Einigung agreement
die Einkreisung, -en encirclement
ein-laden (lädt ein), lud ein, eingeladen to invite
die Einladung, -en invitation
sich ein-leben to settle down
einmal once
ein-marschieren to march into
sich ein-mischen to intervene
die Einmischung interference
ein-nehmen (nimmt ein), nahm ein, eingenommen to occupy; to take in
einsam all by himself, alone
die Einsamkeit loneliness
ein-schüchtern to intimidate
einst at one time
die Einstellung attitude
ein-treten (tritt ein), trat ein, ist eingetreten to enter
der Eintritt, -(e)s, -e entry
einverstanden sein to agree
der Einwanderer, -s, - immigrant
einzeln single; individual
einzig only
das Eisen, -s, - iron
die Eisenbahn, -en railroad
der Eisenbahnschalter, -s, - ticket counter at a railroad station
das Eisenbahnzentrum, -s, Eisenbahnzentren railway junction
eisern iron

elastisch elastic
die Elbe *river in Germany*
elegant elegant
das Element, -(e)s, -e element
elf eleven
(das) Elsaß Alsace *(region in eastern France)*
der Elsässer, -s, - Alsacian
Elsaß-Lothringen Alsace-Lorraine
die Eltern parents
das Elternhaus, -es, ⸗er parental home
die Emotion, -en emotion; mood
empfangen (empfängt), empfing, empfangen to receive
empfinden, empfand, empfunden to feel
empört indignant
die Empörung indignation
(das) Ems *health resort in Western Germany*
das Ende end
endgültig final
endlich at last, finally
die Energie, -n energy
energisch energetic, vigorous
eng narrow; close
der Engländer, -s, - Englishman
englisch English
der Enkel, -s, - grandson
die Enkelin, -nen granddaughter
entgegen-fahren (fährt entgegen), fuhr entgegen, ist entgegengefahren to go to meet
(sich) entgegen-stellen to oppose
entgegen-strecken to stretch out
entgegnen to reply
entlang along
entlassen (entläßt), entließ, entlassen to dismiss
die Entlassung, -en dismissal
entschädigen to compensate
(sich) entscheiden, entschied, entschieden to decide
entscheidend decisive
die Entscheidung, -en decision
sich entschließen, entschloß, entschlossen to decide, make up one's mind

entschlossen (adj.) determined
der Entschluß, -sses, ⸗sse decision
(sich) entschuldigen to apologize
sich entsetzen to be shocked
entsprechen (entspricht), entsprach, entsprochen to be in accordance with
entstehen, entstand, ist entstanden to (a)rise, originate, come into existence
enttäuscht disappointed
die Enttäuschung, -en disappointment
entweder ... oder either ... or
(sich) entwickeln to develop
die Entwicklung, -en development
die Episode, -n episode
erbarmungslos merciless
erben to inherit
der Erbfeind, -(e)s, -e sworn enemy
erbitten, erbat, erbeten to request
erbittert bitter
das Erbland, -(e)s, ⸗er hereditary estate, land
erblicken to discover, catch sight of; **das Licht der Welt erblicken** to be born
sich ereignen to take place
das Ereignis, -ses, -se event
erfahren (erfährt), erfuhr, erfahren to learn; to hear
die Erfahrung, -en experience
die Erfindung, -en invention
der Erfolg, -(e)s, -e success
erfolgreich successful
erfordern to require
sich erfreuen an to enjoy
(sich) erfüllen to fulfill
die Erfüllung fulfilment
erhalten (erhält), erhielt, erhalten to preserve; to maintain; to receive
sich erheben, erhob, erhoben to rise against
(sich) erhoffen to expect, hope for
die Erholung relaxation; recreation
sich erinnern to remember; to remind
die Erinnerung, -en memory
erkennen, erkannte, erkannt to recognize
die Erkenntnis, -se knowledge; finding
erklären to explain, declare, state

erkranken to become sick
die Erkrankung, -en illness
der Erlaß, -sses, ⸗sse decree
erlassen (erläßt), erließ, erlassen to enact
erlauben to permit
die Erlaubnis permission
erleben to experience
das Erlebnis, -ses, -se experience
erledigen to do, carry through
erleichtern to make easy
erleiden, erlitt, erlitten to suffer
ernennen, ernannte, ernannt to appoint
die Ernennung, -en appointment
erneuern to renew
ernst serious
der Ernst, -es seriousness
ernten to harvest
eroberungslustig imperialistic
erregt excited
erreichen to achieve; to reach
erringen, errang, errungen to obtain by struggling
erscheinen, erschien, ist erschienen to appear; to be evident
erschießen, erschoß, erschossen to shoot (dead)
erschöpft exhausted
die Erschöpfung exhaustion
erschüttern to shake vehemently
erst only; (at) first
erstaunlich surprising
der erste the first
erstmals for the first time
ertragen (erträgt), ertrug, ertragen to endure
erwarten to expect, await
(sich) erweisen, erwies, erwiesen to prove, to render
erwerben (erwirbt), erwarb, erworben to acquire
erwidern to reply
erwünscht desired
erzählen to tell
erziehen, erzog, erzogen to educate
der Erzieher, -s, - teacher, educator
die Erziehung education

die Erziehungsanstalt, -en school
erzielen to obtain
essen (ißt), aß, gegessen to eat
das Essen, -s, - meal
die Etikętte etiquette; ceremonial
etwa about, nearly
etwas something, a little
(das) Europa Europe
der Europäer, -s, - European
ewig for ever; eternal
das Exil, -s, -e exile
die Existęnz, -en existence; livelihood
exkommunizieren to excommunicate
das Experimęnt, -(e)s, -e experiment
die Extirpation, -en extirpation
die Exzellęnz, -en Excellency

F

die Fabrik, -en factory
die Façon = Fasson, -s style
fähig capable
die Fähigkeit, -en ability
die Fahne, -n flag
fahren (fährt), fuhr, ist gefahren to drive; to go; to travel
der Faktor, -s, -en factor
der Fall, -(e)s, ⸗e case
fallen (fällt), fiel, ist gefallen to fall; leicht fallen to come easy
fällen to cut
falls in case, provided that
falsch false, wrong
fälschen to forge, falsify
die Familie, -n family
der Fanatiker, -s, - fanatic
fanatisch fanatic
die Fassung, -en wording, version
fast almost
die Faulheit laziness
der Februar, -(s), -e February
fehlen to be missing, lacking
der Fehler, -s, - mistake, error
feiern to celebrate
der Feind, -es, -e enemy
feindlich hostile
die Feindschaft, -en enmity
das Feld, -es, -er field

fern far
die Ferne, -n distance
fertig ready; finished
fest firm; strong
festigen to consolidate
das Feuer, -s, - fire; light
fieberhaft feverish
finanzieren to finance
finden, fand, gefunden to find
der Finger, -s, - finger
finster sullen; dark
die Firma, Firmen firm, company
die Flasche, -n bottle
das Flickwerk, -(e)s, -e patchwork
fließen, floß, ist geflossen to flow
flüchten to flee, escape
die Folge, -n consequence
folgen to follow
folgend following
fordern to demand;
    die Forderung, -en demand, claim
fördern to advance, further, promote
die Form, -en form
die Formalität, -en formality
die Formel, -n formula
die Formulierung, -en wording
fort-schicken to send off
der Fortschritt, -(e)s, -e progress; improvement
die Fortschrittspartei Progressive Party
die Fortsetzung, -en continuation
die Frage, -n question
fragen to ask
der Franc, -, -s franc (French currency)
frank open; free
die Frankfurter Nationalversammlung Frankfort Assembly
(das) Frankreich, -s France
der Franzose, -n ,-n Frenchman
französisch French
die Frau, -en woman
frei free
die Freiheit, -en liberty, freedom
der Freiheitskampf, -es, ⸗e struggle for freedom
freiwillig voluntary
fremd foreign

die Freude, -n joy
sich freuen to enjoy (oneself)
der Freund, -es, -e friend
die Freundin, -nen girl friend
freundlich friendly
die Freundschaft, -en friendship
der Friede, -ns, -n peace
Frieden schließen, schloß, geschlossen to make peace
der Friedensschluß, -sses, ⸗sse conclusion of peace
der Friedensvertrag, -(e)s, ⸗e peace treaty
die Friedenszeit, -en time of peace
friedlich peaceful
friedliebend peace loving
Friedrich der Große Frederic the Great of Prussia (1740–1786)
Friedrich Wilhelm IV. *King of Prussia (1840–61)*
frisch fresh; vigorous
froh glad, happy
fröhlich gay, merry
die Frömmigkeit piety
die Front, -en front
die Frucht, ⸗e fruit
fruchtbar fertile, productive
früh early
früher former; early
der Frühling, -s, -e spring
(sich) fühlen to feel
führen to lead
die Führung leadership
das Füllen, -s, - colt
das Fundament, -(e)s, -e foundation
fünf five
das Fünfmarkstück, -(e)s, -e five mark coin
die Funktion, -en function
funktionieren to function, work
für for
die Furcht fear
fürchten to be afraid
der Fürst, -en, -en prince, sovereign
die Fürstin, -nen princess
der Fuß, -sses, ⸗sse foot

G

ganz whole; very; entirely;
  nicht ganz not quite
gar nicht not at all
garantieren to guarantee
gären to seethe
der Garten, -s, ⸗ garden, yard
die Gasse, -n narrow street
der Gast, -es, ⸗e guest
geachtet respected
geben (gibt), gab, gegeben to give;
  es gibt there is, there are
das Gebiet, -(e)s, -e region; area
gebildet educated
geboren born
gebrauchen to use
das Geburtsjahr, -(e)s, -e year of birth
der Geburtstag, -(e)s, -e birthday
der Gedanke, -ns, -n thought
die Geduld patience
geduldig patient
die Gefahr, -en danger
gefährden to endanger
gefährlich dangerous
gefallen (gefällt), gefiel, gefallen to like
der Gefangene, -n, -n prisoner
die Gefangennahme, -n capture
gefangen-nehmen (nimmt gefangen), nahm gefangen, gefangengenommen to take prisoner
das Gefängnis, -ses, -se jail
das Gefühl, -(e)s, -e feeling
gegen against; towards
gegeneinander against each other
die Gegenfrage, -n counter question
die Gegenrevolution, -en counter revolution
der Gegenrevolutionär, -s, -e counter revolutionary
gegenseitig mutual
das Gegenteil, -(e)s, -e opposite;
  im Gegenteil on the contrary
gegenüber towards
der Gegner, -s, - opponent
das Gehalt, -(e)s, ⸗er salary
geheim secret
das Geheimnis, -ses, -se secret

gehen, ging, ist gegangen to go, walk
die Gehirnentzündung, -en brain fever
gehorchen to obey
gehören to belong
die Geige, -n violin
der Geist, -es mind, intellect
geistig intellectual; spiritual
der Geistliche, -n, -n clergyman
geizig stingy
das Geld, -es, -er money
der Geldsack, -(e)s, ⸗e money bag
das Geldstück, -(e)s, -e coin
die Gelegenheit, -en opportunity
der Gelehrte, -n, -n scholar
das Geleise, -s, - track
geliebt beloved, loved
gelingen, gelang, ist gelungen to succeed
das Gelingen, -s success
gelten (gilt), galt, gegolten to be worth; to be in force; to be valid
gelten als (für) to be considered as
gemeinsam together; common
gemischt mixed
gemütlich homely; cozy
genehmigen to grant permission
der General, -s, ⸗e general
der Generalstab, -(e)s, ⸗e general staff
die Generation, -en generation
das Genie, -s, -s genius
genug enough
genügen to suffice; to be enough
der Gerechte, -n, -n the just one
gerechtfertigen to justify
gern(e) gladly; *with verb*: to like to
das Gericht, -(e)s, -e court
gesamtdeutsch all-German
der Gesandte, -n, -n envoy
der Gesangsverein, -(e)s, -e glee club
das Geschäft, -(e)s, -e business; shop; work
die Geschäftsleute (pl.) businessmen
geschehen (geschieht), geschah, ist geschehen to happen, take place
die Geschichte, -n history; story
geschichtlich historical
das Geschichtsbuch, -es, ⸗er history book; historical work
das Geschlecht, -(e)s, -er dynasty; sex
die Gesellschaft, -en company; society
gesellschaftlich social
die Gesellschaftsordnung social order
das Gesetz, -es, -e law
die Gesetzgebung, -en legislation
gesetzlich legal
das Gesicht, -(e)s, -er face
der Gesichtsschmerz, -es, -en facial pain
die Gestaltung formation; creativity
die Geste, -n gesture
gestern yesterday
gesund healthy
die Gesundheit health
getrennt (adj.) separate
die Gewalt, -en force
der Gewaltmensch, -en, -en tyrant
das Gewehr, -s, -e rifle
der Gewinn, -(e)s, -e profit; gain
gewinnen, gewann, gewonnen to win, gain
gewiß certain(ly)
das Gewissen, -s, - conscience
sich gewöhnen to get accustomed to
das Glas, -es, ⸗er glass
der Glaube, -ns, -n belief
glauben to believe
gleich equal; immediately;
  das ist gleich it doesn't matter
das Gleichgewicht, -(e)s balance
das Glied, -es, -er link
das Glück, -(e)s luck, good fortune; happiness;
  Glück haben to be lucky;
  zum Glück fortunately
glücklich happy
der Glückwunsch, -es, ⸗e congratulation
die Gnade, -n grace
gnädig gracious
gnädig sein to be merciful
golden golden
der Gott, -es, ⸗er God
Gott sei Dank thank God
(das) Göttingen *university town in northern Germany*

das Grab, -(e)s, ⸗er grave
der Graf, -en, -en count
grau gray
grausam cruel
greifen, griff, gegriffen to reach for
die Grenze, -n border, limit
grenzen to border
die Grenzfestung, -en border fortress
der Grieche, -n, -n Greek
groß great, large
die Großeltern grandparents
der Großherzog, -(e)s, ⸗e grand duke
der Großkönig, -(e)s, -e grand king
die Großmacht, ⸗e major power
der Großvater, -s, ⸗ grandfather
großzügig generous
der Grund, -es, ⸗e reason
gründen to found; to establish
der Gründer, -s, - founder
die Gründerzeit period of foundation
die Gründung, -en foundation
die Gruppe, -n group
das Gut, -(e)s, ⸗er estate, possession
gut good
gutgekleidet well dressed
das Gutheißen, -s approval
gut-machen to make up for
der Gutsbesitzer, -s, - landowner
der Gymnasiast, -en, -en student at a gymnasium (secondary school)
das Gymnasium, -s, Gymnasien classical high school (college preparatory school)

H

haben (hat) to have; to possess
der Hafen, -s, ⸗ port
haften to be liable
halb half
der Halbgott, -(e)s, ⸗er demigod
halten (hält), hielt, gehalten to think of; to hold; to support; to keep
die Haltung attitude
die Hamburger Nachrichten *German newspaper*
die Hand, ⸗e hand
der Handel, -s trade
handeln to act
der Handwerker, -s, - craftsman
hängen to hang
harmonisch harmonious
der Haß, -sses hate
hassen to hate
haßerfüllt hateful
häßlich ugly
das Hauptquartier, -(e)s, -e headquarter
die Hauptstadt, ⸗e capital
das Hauptziel, -(e)s, -e main goal
das Haus, -es, ⸗er house;
  nach Hause home;
  zu Hause at home
der Hauslehrer, -s, - private tutor
häuslich domestic
heben, hob, gehoben to lift
das Heer, -(e)s, -e army
die Heeresreform, -en reform of the army
heilen to heal
heilig holy
die Heilung, -en cure
heim-kehren to return home
heimlich secret
das Heimweh, -s homesickness
heiraten to marry
heiß hot
heißen, hieß, geheißen to mean; to be called
heizen to heat
der Held, -en, -en hero
helfen (hilft), half, geholfen to help
der Helfer, -s, - helper, assistant
das Hemd, -(e)s, -en shirt
die Hemdsärmel, -n shirt sleeve
der Herbst, -es, -e fall, autumn
her-fallen (fällt her), fiel her, ist hergefallen to attack, fall upon
der Hering, -s, -e herring
her-kommen, kam her, ist hergekommen to come (near)
der Herr, -n, -en gentleman; master; the Lord; ruler
Herr Miller Mr. Miller
herrlich magnificent
die Herrschaft rule

WÖRTERVERZEICHNIS   *147*

herrschen to rule; to exist
der Herrscher, -s, - ruler
herum all about; around
das Herz, -ens, -en heart; soul
herzlich affectionate, cordial
das Herzogtum, -(e)s, ⸚er duchy
(das) Hessen, -s Hesse
heterogen heterogeneous
hier here
die Hilfe, -n help
hilflos helpless
der Himmel, -s, - heaven; sky
hinaus out (into)
hindern to hinder, impede
die Hingabe devotion
(sich) hin-geben (gibt hin), gab hin, hingegeben to indulge; to devote
hingegen on the other hand
hinnehmen to put up with
hinten behind; to the rear
hinter behind
hinzu-fügen to add
der Historiker, -s, - historian
der Hitzkopf, -(e)s, ⸚e hothead
hitzköpfig hotheaded
hoch high;
  ein Hoch auf a cheer to
höchstens at the most
die Hochzeit, -en wedding
der Hof, -es, ⸚e court; yard
der Hofball, -(e)s, ⸚e court ball
hoffen to hope
hoffnungsvoll hopeful
höflich polite
die Höflichkeit politeness
der Höflichkeitsbesuch, -(e)s, -e courtesy visit
der Hofmarschall, -(e)s, ⸚e chief of protocol
Hohenzollern (das Haus) House of Hohenzollern *(ruling dynasty of Prussia, 1415–1918)*
der Höhepunkt, -(e)s, -e highlight, zenith
holen to fetch; to get
die Hölle hell
hören to hear

hören auf to listen to
der Huldigungskuß, -sses, ⸚sse kiss of homage
human human
humanistisch humanistic
humanistische Bildung classical education
die Humanitätsduselei humanitarian stupidity
der Humor, -(e)s humor
humorvoll humorous
der Hund, -es, -e dog
hundert hundred
hunderttausend hundred thousand
die Hungersnot, ⸚e famine
die Hypothek, -en mortgage

I

das Ideal, -(e)s, -e ideal
die Idee, -n idea
identifizieren to identify
die Ideologie, -n ideology
ignorieren to ignore
die Illusion, -en illusion
im = in dem
immer always
in in
die Indemnität indemnity
indirekt indirect
die Industrie, -n industry
industriell industrial
der Inhalt, -(e)s, -e contents
die Initiative initiative
inne-haben (hat inne), hatte inne, innegehabt to hold
die Innenpolitik domestic policy
innerhalb within
innig tender
ins = in das
insbesondere especially
die Inschrift, -en inscription
die Insolenz, -en insolence
die Institution, -en institution
das Instrument, -(e)s, -e instrument
integral integral
der Intellektuelle, -n , -n intellectual
intelligent intelligent

intensiv intensive
das Interesse, -s, -n interest
die Interessenzone, -n zone of interest
sich interessieren für to be interested in
intern internal
international international
interpretieren to interpret
das Interregnum, -s interregnum
das Interview, -s, -s interview
der Intrigant, -en, -en schemer, plotter
die Intrige, -n intrigue, plot
die Inversion, -en, inversion
der Investiturstreit, -(e)s the controversy of investiture *(11th–12th century)*
die Ironie irony
irreführend misleading
(sich) irren to be mistaken
irritieren to irritate
isolieren to isolate
die Isolierung isolation
die Isolierungspolitik policy of isolation
(das) Italien, -s Italy

J

ja yes, indeed
die Jagd, -en hunt
jagen to hunt
das Jahr, -es, -e year
die Jahreszeit, -en season
der Jahrgang, -(e)s, ⸚e (Wein) vintage
das Jahrhundert, -s, -e century
das Jahrzehnt, -(e)s, -e decade
je ever
je ... desto the ... the
jedenfalls in any case
jeder every, each
jedoch however
jemand somebody, someone
jener, jene, jenes that
der Jesuit, -en, -en Jesuit
das Jesuitengesetz, -es, -e law against the Jesuits
jetzt now
das Joch, -(e)s, -e yoke
journalistisch journalist
jubeln to rejoice
die Jugend youth

die Jugendzeit youth
der Juli, -(s), -s July
jung young
der Juni, -(s), -s June
der Junker, -s, - a member of the Prussian nobility
der Junkerssohn, -es, ⸚e son of a Junker
die Junkerstochter, ⸚ daughter of a Junker
die Jurisprudenz jurisprudence
juristisch legal

K

der Kabinettserlaß, -sses, ⸚sse cabinet decree
der Kaiser, -s, - emperor
die Kaisergeburt, -en birth of the emperorship
die Kaiserin, -nen empress
kalt cold
die Kälte cold(ness)
das Kammergericht, -(e)s, -e court of appeal
der Kampf, -(e)s, ⸚e fight, struggle
kämpfen to fight
die Kanaille, -n crook
der Kanal, -s, ⸚e canal
kandidieren to be a candidate
der Kanzler, -s, - chancellor
die Kapelle, -n band
das Kapital, -s, -e *or* **-ien** funds
der Kapitalismus capitalism
kapitalistisch capitalistic
die Kapitulation surrender
kapitulieren to surrender
Karl der Große Charles the Great (Charlemagne), *German Emperor (768–814)*
die Karriere, -n career
die Karte, -n card; map
der Karzer, -s, - lockup room
(das) Kassel, -s *city in Western Germany*
die Katastrophe, -n catastrophe
der Katholik, -en, -en Catholic
katholisch Catholic
kaufen to buy
der Kaufmann, -(e)s, Kaufleute merchant

kaum hardly
der Kehlkopfkrebs, -es cancer of the larynx
kein no; not a
kennen, kannte, gekannt to know
kennen-lernen to get to know, become acquainted
der Kerl, -(e)s, -e fellow, guy
die Kette, -n chain
das Kind, -(e)s, -er child
das Kinderparadies, -es, -e children's paradise
die Kindheit childhood
die Kirche, -n church
kirchlich ecclesiastical
die Kiste, -n box
klagen to complain
klar clear
die Klasse, -n class, category
der Klassenhaß, -sses class-hatred
das Klavier, -(e)s, -e piano
klein small, little
das Kleinbürgertum, -s petty bourgeoisie
die kleindeutsche Lösung solution for a smaller Germany (without non German states)
klerikal clerical
klingen, klang, geklungen to sound
das Kloster, -s, = monastery
klug clever; wise
knapp short; close; hardly
die Koalition, -en coalition
der Kohlenarbeiter, -s, - coal miner
der Kollege, -n, -n colleague
der Kolonialbund, -(e)s colonial federation
die Kolonialpolitik colonial policy
die Kolonie, -n colony
der Kommandant, -en, -en commander
kommen, kam, ist gekommen to come
der Kommilitone, -n, -n fellow student
kommunistisch communist
kompliziert complicated; intricate
der Kompromiß, -sses, -sse compromise
kompromittieren to expose
der Kondolenzbesuch, -(e)s, -e visit of condolence

die Konferenz, -en conference
das Konferenzzimmer, -s, - conference room
der Konflikt, -(e)s, -e conflict
der Kongreß, -sses, -sse congress
der König, -(e)s, -e king
das Königtum, -s, ⸗er kingship
können (kann), konnte, gekonnt to be able to, can
konservativ conservative
der Konservative, -n, -n conservative
der Konservativismus, - conservatism
konstituiert constituted
die Kontrolle, -n control
die Konversation, -en conversation
das Konzept, -(e)s, -e concept
die Konzession, -en concession
das Konzil, -s, -e council
der Kopf, -(e)s, ⸗e head
körperlich physical
korrekt correct
die Korrespondenz correspondence
kosten to cost
die Kosten (pl.) expenses; price
die Kraft, ⸗e force; strength
krank ill, sick
das Krankenbett, -(e)s, -en sick-bed
die Krankenversicherung, -en sickness insurance
die Krankheit, -en disease, illness
der Kreis, -es, -e circle; walk of life
kreuzen to cross
der Krieg, -(e)s, -e war
der Kriegerverein, -(e)s, -e veterans organization
der Kriegsminister, -s, - secretary of defense
der Krimkrieg, -(e)s Crimean War
die Krise, -n crisis
die Kritik, -en criticism
der Kritiker, -s, - critic
kritisch critical
kritisieren to criticize
der Kronprinz, -en, -en crown prince
die Kronprinzessin, -nen crown princess
der Kronrat, -es imperial council
die Krönung, -en coronation

die Kugel, -n bullet
kulturẹll cultural
der Kultụrkampf, -(e)s struggle between the State and the (Roman Catholic) Church in Germany during the first decade of the 2nd Reich
der Kultusminister, -s, - Minister of Education
sich kümmern um to be concerned with
künftig future; next
die Kunst, ⸚e art
der Künstler, -s, - artist
die Kur, -en treatment (at a health resort)
das Kurbad, -(e)s, ⸚er health resort; spa
kurbrandenburgisch Brandenburgian
der Kurfürst, -en, -en elector
der Kurịer, -s, -e courier
der Kurpfuscher, -s, - quack
kurz short
kürzen to shorten
die Kürzung, -en shortening, cut

L

lächeln to smile
die Lage, -n situation
das Lager, -s, - camp
das Land, -es, ⸚er country; land
die Landflucht rural exodus
das Landleben, -s country life
die Landschaft, -en landscape; surroundings
der Landtag, -(e)s, -e legislative assembly
der Landwirt, -(e)s, -e farmer
die Landwirtschaft agriculture
landwirtschaftlich agricultural
lang(e) long
langjährig for many years
langsam slow
der Lärm, -(e)s noise
lassen (läßt), ließ, gelassen to let, leave
die Laufbahn, -en career
laut loud; according to
lax lax
leben to live
das Leben, -s life
die Lebensfreude joy of life

lebensfroh enjoying life
leer empty, idle
legen to lay, put
die Legende, -n legend
das Lehen, -s, - fief
der Lehnsherr, -n, -en liege lord
lehren to teach
der Leib, -es, -er body
die Leiche, -n dead body
das Leichenbegräbnis, -ses, -se funeral
leicht easy; light
leid tun to be sorry
leiden, litt, gelitten to suffer
die Leidenschaft, -en great love, passion
das Leidwesen, -s regret
leise in low voice, soft
leisten to accomplish; to work; to do;
  es sich leisten können to be able to afford
lenken to guide
lernen to learn
lesen (liest), las, gelesen to read
letzt- last; final
die Leute people
(der) Leutnant, -s, -e second lieutenant
liberạl liberal
der Liberạle, -n, -n liberal
die Liberalisịerung, -en liberalisation
das Licht, -(e)s, -er light
lieb nice
die Liebe, -n love
lieben to love
die Liebesaffäre, -n love affair
liegen, lag, gelegen to lie; **es liegt mir viel daran** I care a lot
die Linde, -n linden tree
lindern to relieve
die Linie, -n line
die Liste, -n list, chart
loben to praise
locken to lure
der Lohn, -(e)s, ⸚e reward; wage
lohnen to reward;
  es lohnt sich it is worth
lokal local
die Loreley name of a legendary enchantress; a dangerous rock in the Rhine River

löschen to extinguish
lösen to solve
die Lösung, -en solution
los-werden (wird los), wurde los, ist losgeworden to get rid of
der Löwe, -n, -n lion
die Loyalität, -en loyalty
der Luftballon, -s, -e balloon
die Lüge, -n lie
der Lump, -en, -en scoundrel
die Lungenentzündung, -en pneumonia
die Lust, ⸚e pleasure; desire
der Luxus luxury

M

machen to make, do
die Macht, ⸚e power
mächtig powerful
der Machtkampf, -(e)s, ⸚e power struggle
machtlos powerless
das Mädchen, -s, - girl
magisch magic
(das) Mähren Moravia
mährisch Moravian
der Mai, -(e)s or **-, -e** May
die Maigesetze *laws enacted in May of 1873 during the Kulturkampf*
(der) Main, -s *river in Germany*
die Majestät, -en majesty
der Majoritätsbeschluß, -sses, ⸚sse majority vote
der Makler, -s, - broker
das Mal, -(e)s, -e time
mal = einmal;
 zum ersten Mal for the first time
man one
manchmal sometimes
das Mandat, -(e)s, -e seat in parliament
der Mann, -es, ⸚er man; husband
der Marsch, -es, ⸚e march
der Marschall, -s, ⸚e marshal
marschieren to march
der Märtyrer, -s, - martyr
der Marxist, -en, -en Marxist
der März, -(es), -e March
die Masse, -n the masses, crowd

der Materialismus, - materialism
das Mausoleum, -s, Mausoleen mausoleum
die Medizin science of medicine
mehr more
mehrere several
mehrfach several times; manifold
die Mehrheit, -en majority
mehrmals several times
meinen to mean; to say
die Meinung, -en opinion
die Meinungsverschiedenheit, -en difference of opinion
das Meisterstück, -(e)s, -e master piece
melancholisch sad; gloomy
(sich) melden to report
die Memoiren (pl.) memoirs
der Mensch, -en, -en man, human being
das Menschenleben, -s, - human life
menschlich human
die Mensur, -en students' duel
Metternich, Clemens Lothar von
 Austrian statesman (1773–1859)
die Miene, -n expression, look;
 gute Miene zum bösen Spiel machen to grin and bear it
mild mild
das Militär, -s military; army
militärisch military
der Militarismus militarism
der Militarist, -en, -en militarist
die Milliarde, -n billion
die Million, -en million
der Millionär, -s, -e millionaire
die Minderheit, -en minority
der Minister, -s, - minister
der Ministerpräsident, -en, -en Prime Minister
der Mißerfolg, -(e)s, -e failure
der Missionswille, -n missionary desire
mißlingen, mißlang, ist mißlungen to fail
mißtrauen to distrust
das Mißtrauen, -s distrust
mißtrauisch suspicious
mit with
der Mitarbeiter, -s, - co-worker

mit-bringen, brachte mit, mitgebracht
   to bring along
der Mitbürger, -s, -   fellow citizen
das Mitglied, -(e)s, -er   member
mit-machen   to put up with
der Mitschüler, -s, -   fellow student
die Mitte   middle
das Mittel, -s, -   means, devise
mittel   medium
das Mittelalter, -s   Middle Ages
der Mittelpunkt, -(e)s   center, central point
mitten   in the middle
die Mitternacht   midnight
mittlerer Höhe   of medium height
mobilisieren   to mobilize
die Mobilisierung, -en   mobilization
modern   modern
mögen (mag), mochte, gemocht   to like; **ich möchte**   I would like
die Möglichkeit, -en   possibility
der Monarch, -en, -en   monarch
die Monarchie, -n   monarchy
monarchisch   monarchic(al)
der Monat, -(e)s, -e   month
monatelang   for months
moralisch   moral
der Mörder, -s, -   murderer
moros   morose
das Motiv, -(e)s, -e   motive
das Motto, -s, -s   motto
müde   tired
(das) München, -s   Munich
die Munitionsverschwendung, -en   waste of ammunition
die Musik   music
müssen (muß), mußte, gemußt   to have to, must
der Mut, -(e)s   courage
mutig   courageous
die Mutter, =   mother

N

nach   to; after
der Nachbar, -n, -n   neighbour
nachdem   after
nach-denken, dachte nach, nachgedacht
   to reflect; to ponder
die Nachfolge   succession
der Nachfolger, -s, -   successor
nach-geben (gibt nach), gab nach, nachgegeben   to give in
nachher   afterwards
nach-springen, sprang nach, ist nachgesprungen   to jump after someone
nächst   next
die Nacht, ⸗e   night
nachträglich   after the event
nah(e)   near, close
die Nähe   vicinity
namens   by the name of
nämlich   namely, to be sure
national   national
die Nationalbewegung, -en   national movement
das Nationalgefühl, -(e)s   national sentiment
der Nationalist, -en, -en   nationalist
die Nationalität, -en   nationality
der Nationalitätenstaat, -(e)s, -en   nation composed of several nationalities
die Nationalliberale Partei   National Liberal Party
der Nationalstolz, -es   national pride
die Nationalversammlung   national assembly
die Natur   nature
der Naturforscher, -s, -   scientist
das Naturgesetz, -es, -e   natural law
natürlich   natural(ly), of course
neben   next to; beside
nehmen (nimmt), nahm, genommen   to take
der Neid, -es   envy
nein   no
nennen, nannte, genannt   to call; to name
nervös   nervous
neun   nine
neunundzwanzig   twenty nine
neutral   neutral
die Neutralität   neutrality
die Neuwahl, -en   reelection
nicht   not
nicht mehr   no longer
nichtssagend   insignificant

nie never
die Niederlage, -n defeat
niedlich cute
niedrig low
niemals never
niemand nobody
nirgends nowhere
noch still; in addition
(das) Nordafrika, -s North Africa
(das) Norddeutschland, -s northern Germany
der Norden North
nördlich northern
die Not need; destitute; **aus der Not eine Tugend machen** to make a virtue of necessity
nötig necessary
notwendig necessary
die Notwendigkeit, -en necessity
der November, -s, - November
der Nullpunkt, -(e)s zero
nun now; well
nur only
nutzen to make use of
nützen to use; to be of use
der Nutznießer, -s, - beneficiary

O

ob if; whether
oben above
obenan at the top
oberst highest; upmost, principal
der Oberst, -en or s, -en (*rarely:* e) colonel
obgleich although
das Objekt, -(e)s, -e object
objektiv objective
obligat obligatory
obwohl although
öde bleak
oder or
der Ofen, -s, ⸗ stove
offen open
öffentlich public
offiziell official
der Offizier, -s, -e officer
öffnen to open

oft often
ohne without
die Ohrfeige, -n slap on the face
ökumenisch ecumenical
die Omelette, -n omelet
der Onkel, -s, - uncle
die Oper, -n opera (house)
die Operation, -en operation; plan
operieren to operate
das Opfer, -s, - sacrifice; casualty
die Opposition opposition
der Optimismus optimism
das Orchester, -s, - orchestra
der Orden, -s, - order (church); medal
die Ordnung order
die Ordre (*French*) order
die Organisation, -en organization
organisieren to organize
der Osten, -s East
(das) Österreich, -s Austria
der Österreicher, -s, - Austrian
österreichisch Austrian
das Osteuropa, -s eastern Europe
östlich eastern, easterly
die Ostpolitik eastern policy
(das) Ostpreußen, -s East Prussia
die Ostsee Baltic Sea
ostwärts eastward

P

der Pädagoge, -n, -n educator
der Papst, -es, ⸗e pope
die Papstbulle, -n papal bull
päpstlich papal
das Papsttum, -s papacy
die Parade, -n parade
parieren to obey
der Park, -(e)s, -s park
das Parlament, -(e)s, -e parliament
der Parlamentarier, -s, - parliamentarian
parlamentarisch parliamentary
die Parole, -n battle cry
die Partei, -en party
der Parteitag, -(e)s, -e party convention
die Partie, -n game
der Partikularismus particularism

die Partnerschaft partnership
passen to fit into
passend suitable
passiv passive
der Patient, -en, -en patient
der Patriot, -en, -en patriot
patriotisch patriotic
der Patriotismus patriotism
der Pazifist, -en, -en pacifist
peinlich embarrassing
die Periode, -n period
die Person, -en person
persönlich personal
die Perspektive, -n perspective
pessimistisch pessimistic
die Pfalz Palatinate *(region in Western Germany)*
die Pfanne, -n pan
die Pfarre, -n parish
der Pfarrer, -s, - minister; priest
das Pferd, -es, -e horse
das Pferderennen, -s, - horse race
die Pflicht, -en duty, obligation
die Philantropie philantropy
der Philosoph, -en, -en philosopher
die Phrase, -n cliché, trite remark
der Pietist, -en, -en pietist
die Pistole, -n gun
plädieren to plead; argue
plagen to torment
der Plan, -es, ⸚e plan
die Planung, -en planning
der Platz, -es, ⸚e place, square, spot
plötzlich suddenly
polarisieren to polarize
der Pole, -n, -n Pole
(das) Polen, -s Poland
die Politik politics
der Politiker, -s ,- politician
politisch political
polnisch Polish
(das) Pommern-s, Pomerania
populär popular
die Popularität popularity
das Porträt, -s, -s portrait, picture
der Posten, -s, - position; guard
die Postkutsche, -n stage coach

das Postpferd, -(e)s, -e stage coach horse
(das) Potsdam, -s *city near Berlin; residence of Prussian kings*
(das) Prag, -s Prague
der Präsident, -en, -en president
der Präventivkrieg, -(e)s, -e preventive war
predigen to preach
der Preis, -es, -e prize; value
die Presse, -n press
die Pressefreiheit freedom of press
das Prestige, -s prestige
der Prestigegewinn, -(e)s, -e increase in prestige
(das) Preußen, -s Prussia
preußisch Prussian
der Priester, -s, - priest
der Prinz, -en, -en prince
die Prinzessin, -en princess
das Prinzip, -s, Prinzipien principle
privat private
die Probe, -n test; rehearsal
das Problem, -(e)s, -e problem
der Professor, -s, -en professor
der Profit, -s, -e profit
die Proklamation, -en proclamation
proklamieren to proclaim
die Promenade, -n promenade, main avenue
prophetisch prophetic
die Prophezeiung, -en prophecy
der Protest, -(e)s, -e protest
protestantisch Protestant
protestieren to protest
das Protokoll, -(e)s, -e protocol
das Provisorium, -s, Provisorien provisional arrangement
der Prozeß, -sses, -sse law-suit; trial, litigation
der Prüfstein, -(e)s, -e test
das Publikum, -s audience
der Publizist, -en, -en writer

R

radikal radical
der Radikalismus radicalism
der Rand, -(e)s, ⸚er margin

rasch speedy, swift
der Rat, -(e)s advice; council
raten (rät), riet, geraten to advice, counsel
der Ratgeber, -s, - advisor
die Ratte, -n rat
rauchen to smoke
die Reaktion, -en reaction
der Reaktionär, -(e)s, -e reactionary
die Realität, -en reality
der Realpolitiker, -s, - realist politician
der Rebell, -en, -en rebel
rechnen (auf) to reckon; to count on
die Rechnung, -en bill;
   die Rechnung ohne den Wirt machen to reckon without the host
das Recht, -(e)s, -e law; right
recht haben to be right
die Rede, -n speech
reden to talk
der Redner, -s, - speaker
der Referendar, -s, -e junior lawyer
die Referendarstelle, -n position of a young lawyer
die Reform, -en reform
reformieren to reform
der Regenschirm, -(e)s, -e umbrella
der Regent, -en, -en regent
regieren to govern, rule
die Regierung, -en government
das Regime, -s, -s regime
reich rich, wealthy
das Reich, -es, -e empire
der Reichsadler, -s German Eagle
das Reichsgesetz, -es, -e federal law
die Reichsgründung creation of the empire
der Reichskanzler, -s, - Chancellor of the Reich
die Reichsregierung, -en federal government
der Reichstag, -(e)s Imperial Diet; Reichstag
reif ripe
der Reif, -(e)s white frost; rime
die Reihe, -n row; turn; number
rein pure; clean; genuine

die Reise, -n journey, trip
reisen to travel
reißen, riß, gerissen to tear, rip;
   an sich reißen to arrogate to
reiten, ritt, ist geritten to ride
der Reitknecht, -(e)s, -e servant
die Religion, -en religion
religiös religious
der Rennsport, -(e)s, -e racing sport
die Reparation, -en reparation
der Repräsentant, -en, -en representative
die Repräsentation representation
repräsentieren to represent
repressiv repressive
die Republik, -en republic
der Republikaner, -s, - republican
republikanisch republican
der Respekt, -(e)s respect, esteem
respektieren to respect
respektvoll respectful
das Restaurant, -s, -s restaurant
das Resultat, -(e)s, -e result, outcome
retten to save
die Rettungsmedaille, -n life-saving medal
die Revanche, -n revenge
die Revolution, -en revolution
der Revolutionär, -s, -e revolutionist
der Rhein, -(e)s Rhine
der Rheinwein, -(e)s, -e Rhine wine
das Rhinozeros, -ses, -se rhinoceros
richten to direct
der Richter, -s, - judge
richtig right, correct
riesig huge
das Rindvieh, -(e)s, Rindviecher blockhead
das Risiko, -s, Risiken risk
riskant risky
riskieren to risk
der Ritt, -es, -e ride
ritterlich chivalrous
der Rittmeister, -s, - captain (of cavalry)
der Rivale, -n, -n rival
die Rivalität, -en rivalry

robust   robust; sturdy
der Rock, -(e)s, ⸗e   skirt; coat
der Rockschoß, -sses, ⸗sse   coat tail
die Rolle, -n   role
(das) Rom, -s   Rome
römisch   Roman
die Rose, -n   rose
rot   red
röten   to color red
der Rücken, -s, -   back
die Rückgabe, -n   return
die Rückkehr   return
die Rücksicht, -en   consideration
der Rücktritt, -(e)s, -e   resignation
der Rückversicherungsvertrag, -(e)s, ⸗e
   Reinsurance Treaty (1887)
der Rückzug, -(e)s, ⸗e   retreat
der Ruf, -(e)s, -e   call; reputation
rufen, rief, gerufen   to call
die Ruhe   quiet, rest; peace
der Ruhestand, -(e)s   retirement
die Ruhestätte, -n   place of rest;
   die letzte Ruhestätte   grave, last home
ruhig   quiet, calm
der Ruhm, -es   glory
der Ruin, -s, -s   downfall
der Rumäne, -n, -n   Rumanian
der Russe, -n, -n   Russian
russisch   Russian
(das) Rußland, -s   Russia
rußlandfreundlich   friendly towards Russia

S

der Saal, -(e)s, Säle   hall
die Sache, -n   matter; thing
der Sachse, -n, -n   Saxon
(das) Sachsen, -s   Saxony
sagen   to say; to tell
der Salon, -s, -s   parlor
der Salonlöwe, -n, -n   carpet knight
sanft   soft
der Sarg, -es, ⸗e   coffin
sarkastisch   sarcastic
der Sattel, -s, -   saddle
sauer   sour; hard
das Schach, -s   chess

das Schachbrett, -(e)s, -er   chess board
der Schachzug, -(e)s, ⸗e   move (at chess)
schade: wie schade   too bad, it's a pity
schaffen, schuf, geschaffen   to create, do; to give, provide
das Schafott, -(e)s, -e   scaffold
scharf   sharp
der Schatten, -s, -   shadow
die Schattenseite, -n   dark side
scheinen, schien, geschienen   to seem
schenken   to give, make a present
der Scherz, -es, -e   joke;
   im Scherz   jokingly
scherzen   to joke
schicken   to send
das Schicksal, -s, -e   fate
schießen, schoß, geschossen   to shoot
das Schiff, -es, -e   ship
schimpfen   to scold; to insult; to complain
die Schlacht, -en   battle
schlachten   to slaughter
das Schlachtfeld, -(e)s, -er   battle field
der Schlaf, -(e)s   sleep
schlafen (schläft), schlief, geschlafen   to sleep
schlagen (schlägt), schlug, geschlagen   to hit, strike; to beat, defeat
schlank   slender
schlecht   bad; poor
schließen, schloß, geschlossen   to close, shut; to conclude
schließlich   finally; after all
schlimm   bad, serious
das Schloß, -sses, ⸗sser   castle
der Schluß, -sses, ⸗sse   end; conclusion
der Schlüssel, -s, -   key
schmachvoll   disgraceful
der Schmerz, -es, -en   pain; sorrow
schmerzen   to cause pain
schmerzlich   painful
schnell   quick, fast
schon   already
schön   beautiful
der Schöpfer, -s, -   creator
die Schöpfung, -en   creation
schrecklich   terrible, awful

WÖRTERVERZEICHNIS   157

schreiben, schrieb, geschrieben to write
schriftlich in writing
der Schriftsteller, -s, - writer
der Schritt, -(e)s, -e step
die Schulaufsicht supervision of schools
die Schuld, -en debt; guilt
die Schule, -n school
der Schüler, -s, - pupil, student
der Schulfreund, -(e)s, -e classmate
der Schurke, -n, -n villain
der Schuß, -sses, ⸗sse shot
schütteln to shake
der Schutz, -es protection
das Schutzbündnis, -ses, -se defensive alliance
der Schütze, -n, -n marksman
schützen to protect
der Schutzzoll, -(e)s, ⸗e protective tariff
schwach weak
die Schwäche, -n weakness
schwächen to weaken
die Schwächung, -en weakening
schwärmen to be enthusiastic about
der Schwede, -n, -n Swede
(das) Schweden, -s Sweden
schweigen, schwieg, geschwiegen to be silent
der Schweizer, -s, - Swiss
schwer heavy; difficult; serious
schwerkrank very sick
die Schwester, -n sister
schwierig difficult
die Schwierigkeit, -en difficulty
schwimmen, schwamm, geschwommen to swim
sechs six
sechzig sixty
die Sechzigerjahre sixties
die Seele, -n soul
das Segel, -s, - sail
sehen (sieht), sah, gesehen to see
sehr very; very much
sein (ist), war, ist gewesen to be
das Seine his property
seinetwegen because of him
seit since
die Seite, -n side; page;

auf seiten on the side
selb- same
selbst- itself; even
die Selbstbeherrschung self-control
die Selbsterhaltung self-preservation
der Selbstmord, -(e)s, -e suicide
das Selbstvertrauen, -s self-confidence
selig blessed
selig werden to attain salvation
selten seldom
das Semester, -s, - semester
der September, -s, - September
(sich) setzen to sit down
sicher safe; sure
die Sicherheit security
das Sicherheitssystem, -s, -e security system
sicherlich surely, undoubtedly
sieben seven
der Siebzehnjährige, -n, -n seventeen year old
die Siebzigerjahre the seventies
der Sieg, -es, -e victory
siegen to be victorious
der Sieger, -s, - victor
siegreich victorious
sinken, sank, ist gesunken to sink
der Sinn, -(e)s, -e sense, meaning
die Situation, -en situation
sitzen, saß, gesessen to sit
die Sitzung, -en meeting
der Skeptiker, -s, - sceptic
skeptisch sceptical
slawisch Slavic
der Slowene, -n, -n Slovenian
so so; like that
das Sofa, -s, -s couch, sofa
sofort at once, immediately
sogar even
sogenannt so-called
der Sohn, -(e)s, ⸗e son
solange as long as
solch such
der Soldat, -en, -en soldier
die Solidarität solidarity
sollen (soll) should, ought to
der Sommer, -s, - summer

die Sommerferien summer vacation
sondern but, on the contrary
das Sonderrecht, -(e)s, -e special privilege
der Sonderzug, -(e)s, ⸗e special train
die Sonne sun
der Sonntag, -s, -e Sunday
die Sonntagsarbeit Sunday work
sonst otherwise
die Sorge, -n worry
sorgen (für) to take care, see to
sowohl ... als auch as well ... as
sozial social
der Sozialdemokrat, -en, -en Social Democrat
das Sozialgesetz, -es, -e welfare law
der Sozialismus socialism
der Sozialist, -en, -en Socialist
das Sozialistengesetz, -es, -e law against the Socialists
der Sozialstaat, -(e)s, -en welfare state
spalten to split
(das) Spanien, -s Spain
spanisch Spanish
die Spannung, -en tension, strain
spät(er) late(r)
spazieren gehen, ging spazieren, ist spazieren gegangen to walk
der Spaziergang, -(e)s, ⸗e walk
die Spekulation, -en speculation
spekulativ speculative
spekulieren to speculate
der Spezialist, -en, -en specialist
der Spiegelsaal, -(e)s, Spiegelsäle hall of mirrors
spielen to play
das Spielkasino, -s, -s gambling casino
spotten to mock
die Sprache, -n language
das Sprachgebiet, -(e)s, -e district in which a language is spoken
sprachlich linguistic, grammatical
sprechen (spricht), sprach, gesprochen to speak
der Sprecher, -s, - speaker
spüren to feel
der Staat, -(e)s, -en state

der Staatenbund, -(e)s, ⸗e federation of states
staatlich political, public
das Staatsamt, -(e)s, ⸗er public office
der Staatsbeamte, -n, -n civil servant
der Staatsdienst, -(e)s, -e civil service
der Staatsmann, -es, ⸗er statesman
der Staatssekretär, -s, -e secretary of state
der Staatssozialismus state sponsored socialism
die Stabilität stability
die Stadt, ⸗e city
das Städtlein, -s, - small town
die Stadtrepublik, -en city republic
der Stadtwald, -(e)s, ⸗er city forest
der Stall, -(e)s, ⸗e stable
stammen to descend from; to date from
die Stände (pl.) estates
der Standesdünkel, -s, - class prejudice
der Ständestaat, -(e)s, -en state organized according to classes
der Standpunkt, -(e)s, -e point of view, standpoint
stark strong
stärken to strengthen
die Stärkung strengthening
starr inflexible
die Station, -en station; stop
(an)statt instead of
stattdessen instead
statt-finden, fand statt, stattgefunden to take place
der Status quo status quo
staunen to be amazed
stecken to stick; to set; to be hidden
stehen, stand, gestanden to stand;
 wie steht es what about
der Stein, -(e)s, -e stone
die Stelle, -n place, spot; post
stellen to put; to place;
 eine Frage stellen to ask a question
die Stellung, -en position
sterben (stirbt), starb, ist gestorben to die
der Sterbende, -n, -n dying man
still quiet, still

WÖRTERVERZEICHNIS   *159*

die Stille quietness
die Stimme, -n vote; voice
stimmen to be in accord with;
 das stimmt that's correct
die Stimmgabel, -n tuning fork
die Stimmung, -en mood
stolz proud
der Stolz, -es pride
stören to disturb, bother
stoßen (stößt), stieß, gestoßen (auf)
 to encounter
die Strafe, -n penalty, fine
die Straße, -n street, road
die Strategie, -n strategy
streben (nach) to strive, aspire
streicheln to caress
streifen to graze
der Streik, -s, -s strike
streiken to strike
der Streit, -es quarrel
sich streiten to quarrel
die Streitfrage, -n point in debate
das Strohlager, -s, - bed of straw
strömen to stream
das Stück, -(e)s, -e piece; part
der Student, -en, -en student
studieren to study
das Studium, -s, Studien study
stumm dumb, mute
die Stunde, -n hour; class
der Sturm, -(e)s, ⸚e storm; turmoil
stürzen to plunge
suchen to seek; to look for
süddeutsch south German
(das) Süddeutschland, -s southern Germany
der Südosten, -s southeast
die Südsee South Sea
(das) Südwestafrika, -s Southwest Africa
das Symbol, -(e)s, -e symbol
symbolisch symbolic
die Sympathie, -n sympathy
sympathisieren to sympathize
das Symptom, -(e)s, -e symptom
das System, -s, -e system

T

tagen to be in session
täglich daily
die Tagung, -en meeting
taktvoll tactful
das Talent, -(e)s, -e talent
der Taler, -s, - taler *(old German currency)*
Talleyrand, Charles Maurice French statesman *(1754–1838)*
die Tasche, -n pocket
die Tat, -en deed; act
in der Tat indeed
die Tätigkeit, -en activity
tatsächlich in fact, indeed
tausend thousand
tausendjährig thousand year
der Teil, -(e)s, -e part
teilen to share
die Teilnahme participation, sharing
teil-nehmen (nimmt teil), nahm teil, teilgenommen to take part, participate
der Teilnehmer, -s, - participant
teils partly
teilweise partly, in part
telegrafieren to cable
das Telegramm, -(e)s, -e telegram
das Temperament, -(e)s, -e temper; character
territorial territorial
der Terror, -s terror
teuer expensive
der Text, -(e)s, -e text
das Theater, -s, - theater
das Thema, -s, Themen theme, topic
der Theologe, -n, -n theologian
die Theorie, -n theory
die Thrombose, -n thrombosis
der Thron, -(e)s, -e throne
der Thronerbe, -n, -n heir to the throne
tief deep
das Tier, -es, -e animal
die Tischrede, -n after dinner speech
der Titel, -s, - title
der Titelstreit, -(e)s, -e quarrel over the title
die Tochter, ⸚ daughter

der Tod, -(e)s death
todkrank dangerously ill
die Toleranz tolerance
der Ton, -(e)s, ⸗e sound, tone
das Tor, -(e)s, -e gate
die Torheit, -en folly
der Tornister, -s, - knapsack
tot dead
total total
totgeboren stillborn
die Touristenattraktion, -en tourist attraction
die Tradition, -en tradition
tragen (trägt), trug, getragen to bear; to carry
die Träne, -n tear
trauen to trust
trauern to mourn
der Traum, -(e)s, ⸗e dream
traurig sad
(sich) treffen (trifft), traf, getroffen to meet; to hit
treibend driving (force)
(sich) trennen to separate; to part
treu faithful; loyal
trinken, trank, getrunken to drink
der Triumph, -(e)s, -e triumph
der Triumphzug, -(e)s, ⸗e triumphal procession
trotzdem nevertheless, all the same
die Truppe, -n troop
der Tscheche, -n, -n Czech
tun (tut), tat, getan to do
die Tür, -en door
der Türke, -n, -n Turk
die Türkei Turkey
der Turner, -s, - gymnast
der Turnvater, -s, ⸗ father of gymnastics
der Tyrann, -en, -en tyrant

U

über about; over
überall everywhere
überbringen, überbrachte, überbracht to deliver
über-gehen, ging über, ist übergegangen to go over
der Übergriff, -(e)s, -e infringement
überleben to survive; to outlive
übernehmen (übernimmt), übernahm, übernommen to take over, enter upon
überraschen to surprise
die Überraschung, -en surprise
überreden to persuade
überschätzen to overestimate
übersiedeln to move to
überstimmen to outvote
überwinden, überwandte, überwunden to conquer; to overcome
überzeugen to convince of, persuade
die Überzeugung, -en conviction
üblich customary
übrig remaining;
    im übrigen otherwise
das Ufer, -s, - bank
um in order to; around; about
um-drehen to turn around
umgekehrt the other way round
um-kommen, kam um, ist umgekommen to perish, die
um-schreiben, schrieb um, umgeschrieben to transfer
umso so much
umstritten controversial
unannehmbar unacceptable
unausgeglichen unbalanced
unbedingt absolute
unbefristet unlimited (in time)
unberechtigt unfounded
und and
undankbar thankless
undenkbar unthinkable
unerlaubt illegal
unermüdlich tireless
unfair unfair
die Unfallversicherung, -en accident insurance
die Unfehlbarkeit infallibility
der Ungar, -n, -n Hungarian
ungarisch Hungarian
(das) Ungarn, -s Hungary
ungeduldig impatient
ungeheuer tremendous, enormous
ungehorsam disobedient

ungern unwillingly, reluctantly
ungewiß uncertain
das Unglück, -(e)s, -e misfortune, disaster
unheilbar incurable
die Uniform, -en uniform
die Union, -en union;
 die Deutsche Union German union
die Unionsverfassung constitution of the union
die Universität, -en university
der Universitätsrichter, -s, - university judge
unklug unwise
unkonventionell unconventional
unmöglich impossible
unnötig unnecessary
das Unrecht, -(e)s wrong
unrecht (haben) unjustified; wrong; to be mistaken
unreif unripe; immature
unter under; among; below; from
unterbleiben, unterblieb, ist unterblieben to be left undone; to be cancelled
unterbrechen (unterbricht) unterbrach, unterbrochen to interrupt
die Unterdrückung suppression
sich unterhalten (unterhält), unterhielt, unterhalten to talk to
unter-ordnen to subordinate
die Unterredung, -en talk
unterschätzen to underestimate
unterschreiben, unterschrieb, unterschrieben to sign
unterstützen to support
der Untertan, -en, -en subject
unverantwortlich irresponsible
unverletzt uninjured
unvermeidlich inevitable
unverschämt insolent
unverstanden misunderstood
unvollendet unfinished
unzufrieden dissatisfied
unzuverlässig unreliable
der Urlaub, -(e)s, -e leave
der Ursprung, -(e)s, ⸚e origin

urteilen to judge
usw. = und so weiter and so forth

V

der Vasall, -en, -en vassal
der Vater, -s, ⸚ father
das Vaterhaus, -es, ⸚er parental house
der Vatikan, -s Vatican
(sich) verändern to change
die Veränderung, -en change
verantwortlich responsible
die Verantwortung responsibility
die Verbannung, -en banishment
verbessern to improve
verbieten, verbot, verboten to prohibit
verbittern to embitter
das Verbot, -(e)s, -e restriction; injunction
verbrannt burnt
verbrauchen to use up
verbraucht spent
verbrennen, verbrannte, verbrannt to burn
verbringen, verbrachte, verbracht to spend (time)
verbünden to ally (with)
der Verbündete, -n, -n ally
verdanken to owe; to be indebted
verderben (verdirbt), verdarb, verdorben to spoil, ruin
der Verderber, -s, - spoiler
verdoppeln to double
der Verein, -(e)s, -e club, organization
vereinen to unite
vereinigt united
die Vereinigung, -en unification
die Verfassung, -en constitution
der Verfassungsstreit, -(e)s, -e constitutional quarrel
verfassungswidrig unconstitutional
verfrüht premature
vergangen (adj.) past, last
vergeben (vergibt), vergab, vergeben to forgive
vergebens in vain
vergeblich in vain
das Vergehen, -s, - offence

vergessen (vergißt), vergaß, vergessen
  to forget
vergrößern to enlarge, increase
verhalten, verhielt, verhalten to act
das Verhältnis, -ses, -se relation(ship)
verhandeln to negotiate
die Verhandlung, -en negotiation; hearing, trial
verhindern to prevent
verkehren to visit
das Verkehrswesen, -s, - traffic system
verklagen to sue
verkleinern to reduce
verkörpert personified
verkünden to make known, proclaim, announce
verlangen to ask, demand, require
verlängern to extend
der Verlaß, -sses reliance
verlassen (verläßt), verließ, verlassen to leave
verleihen, verlieh, verliehen to bestow, confer
verletzen to injure, hurt; to violate
die Verletzung, -en injury; violation
sich verlieben to fall in love
verlieren, verlor, verloren to loose
der Verlierer, -s, - looser
sich verloben to become engaged to
der Verlust, -(e)s, -e loss
vermeiden, vermied, vermieden to avoid
das Vermögen, -s, - wealth; estate; means
veröffentlichen to publish
verpachten to lease
die Verpflichtung, -en obligation
verraten (verrät), verriet, verraten to betray
verringern to diminish
verrückt crazy
versammeln to gather, assemble
die Versammlung, -en assembly; meeting
verschärfen to aggravate
die Verschärfung, -en aggravation
verschenken to give away

die Verschiebung, -en shift; change
verschieden various, different
(sich) verschlechtern to deteriorate
verschnaufen to recover one's breath
verschwinden, verschwand, ist verschwunden to disappear
versetzen to transfer
versichern to assure
die Versicherung, -en insurance
die Version, -en version
verspätet delayed
versprechen (verspricht), versprach, versprochen to promise
das Versprechen, -s, - promise
der Verstand, -es mind
die Verständigung, -en agreement; consultation
verständlich understandable
das Verständnis, -ses understanding
verstärken to increase; to strengthen
verstehen, verstand, verstanden to understand
verstopfen to block
verstoßen (verstößt), verstieß, verstoßen to expel
der Versuch, -(e)s, -e attempt; experiment, test
versuchen to try, attempt
verteidigen to defend
die Verteidigung, -en defense
vertiefen to deepen
der Vertrag, -(e)s, ⸗e agreement
vertrauen to trust
das Vertrauen, -s trust, confidence
vertreten (vertritt), vertrat, vertreten to represent
der Vertreter, -s, - representative
verwalten to administer
der Verwandte, -n, -n relative
verweigern to refuse
verwirklichen to realize; to accomplish
die Verwirrung confusion
verzeihen, verzieh, verziehen to forgive
der Verzicht, -(e)s, -e renunciation
verzichten to renounce; to do without
viel much

viele many
vielleicht perhaps
viermal four times
vierte fourth
vierzig forty
die Villa, Villen villa
die Vision, -en vision
vital vital
das Vokabular, -s, -e vocabulary
das Volk, -(e)s, ⸗er people; nation
das Volksheer, -(e)s, -e people's army
die Volksvertretung, -en parliament
voll full
völlig complete(ly)
vollkommen total, complete
von of; from; about
vor in front of; before; ago
vor allem above all
vorbei-gehen, ging vorbei, ist vorbeigegangen to pass by
das Vorbild, -(e)s, -er model
der Vordergrund, -(e)s foreground
der Vorfahr, -en, -en forefather
vor-gehen, ging vor, ist vorgegangen to take action
der Vorgesetzte, -n, -n superior
vorherig previous
die Vorherrschaft predominance
vorn(e) in front;
nach vorn(e) forward
der Vorschlag, -(e)s, ⸗e suggestion, proposal
vor-schlagen (schlägt vor), schlug vor, vorgeschlagen to suggest
vorsichtig careful, cautious
der Vorsitz, -(e)s chairmanship
der Vorsitzende, -n, -n chairman
vor-sorgen to make provisions
die Vorstufe, -n first step
der Vortrag, -(e)s, ⸗e lecture
Vortrag halten to report
vorwärts forward
das Vorwort, -(e)s, -e preface
das Vorzimmer, -s, - anteroom

W

die Waage, -n scale

wachsen (wächst), wuchs, ist gewachsen to grow; to increase
das Wachstum, -s growth
die Waffe, -n weapon
wagen to dare
der Wagen, -s, - coach; car
die Wahl, -en election; choice
wählen to choose, elect
der Wähler, -s, - voter
das Wahlrecht, -(e)s suffrage
wahr true;
nicht wahr? isn't it?
während during; while
die Wahrheit truth
der Wald, -(e)s, ⸗er wood
das Wäldchen, -s, - small forest
die Wange, -n cheek
warm warm
die Wärme warmth
warnen to warn
warten to wait
warum why
was what
das Wasser, -s, - water
weder ... noch neither ... nor
der Weg, -(e)s, -e way; road;
es muß weg it must be removed
wegen because of, on account of
weh(e) woe! alas!
die Wehmut melancholy
wehmütig sad
sich wehren to defend oneself
weh-tun (tut weh), tat weh, wehgetan to hurt
die Weimarer Republik the Weimar Republic *(1919–33)*
der Wein, -(e)s, -e wine
weinen to cry
der Weinkrampf, -(e)s, ⸗e crying fit
weit far; open; wide
weiter further; more
weiter-fahren (fährt weiter), fuhr weiter, ist weitergefahren to drive on
weiter-führen to continue
die Weiterführung continuation
weiter-gehen, ging weiter, ist weitergegangen to go on, continue

164 BISMARCK

weiterhin from then on
weiter-regieren to continue to govern
weitgehend far extending; very much
welch which, what
die Welt, -en world
die Weltausstellung, -en world's fair
der Weltmann, -(e)s man of the world
das Weltmeer, -(e)s, -e ocean
wem to whom, of whom
wen whom
wenig little, pl.: few
wenn when; if
wer who
werden (wird), wurde, ist geworden to become
werfen (wirft), warf, geworfen to throw
das Werk, -(e)s, -e work; composition
das Werkzeug, -(e)s, -e tool
wert worth
der Wert, -(e)s, -e value
(das) Westfalen, -s Westphalia
die Wette, -n bet
wetten to bet
der Wettlauf, -(e)s, ⸗e race
wichtig important
der Widerstand, -(e)s, ⸗e resistance
(sich) widmen to devote
wie how; as
wieder again
wieder-bekommen, bekam wieder, wiederbekommen to get back
wieder-gewinnen, gewann wieder, wiedergewonnen to win back
wiederholen to repeat
wieder-kommen, kam wieder, ist wiedergekommen to come back
wieder-sehen (sieht wieder), sah wieder, wiedergesehen to see again
(das) Wien, -s Vienna
wild wild
der Wille, -ns will
willensstark strong-willed
willkommen welcome
der Wind, -es, -e wind
der Winter, -s, - winter
wirklich real

die Wirklichkeit reality
wirksam effective
die Wirtschaft economy
wirtschaftlich economic
wissen (weiß), wußte, gewußt to know
der Witz, (e)s, -e joke; wit
wo where
woanders somewhere else
die Woche, -n week
wogegen against what
woher where from
wohin where to
wohl probably; indeed; **wohl kaum** hardly
das Wohl, -(e)s welfare, well-being
wohlan well then
der Wohlstand, -(e)s prosperity
wohnen to live
das Wohnhaus, -es, ⸗er apartment house
die Wohnung apartment
wollen (will), wollte, gewollt to want to, wish
das Wort, -(e)s, -e word; saying
die Wunde, -n wound
das Wunder, -s, - wonder, miracle; **kein Wunder** no wonder
wunderbar wonderful
der Wunsch, -es, ⸗e wish
wünschen to wish
die Würde dignity
würdig worthy of
wütend angry

Z

die Zahl, -en number
zahlen to pay
zählen to belong to; to count
der Zar, -en, -en czar
die Zarin, -nen czarina
zaristisch czarist
zehn ten
zeigen to show; to point
die Zeile, -n line
die Zeit, -en time
die Zeitung, -en newspaper
der Zeitungsartikel, -s, - newspaper article

das Zentrum, -s, Zentren center
die Zentrumspartei Central Party
zerschlagen, zerschlug, zerschlagen to smash
zerstören to destroy
der Zerstörer, -s, - destroyer
ziehen, zog, gezogen to draw, pull
ziehen, zog, ist gezogen to move, go
das Ziel, -(e)s, -e goal
die Zigarre, -n cigar
das Zimmer, -s, - room
der Zivilbeamte, -n, -n civil servant
die Zivilbevölkerung civilian population
die Zivilehe, -n marriage before a registrar
der Zollverein, -(e)s custom union
der Zoo, -s, -s zoo
der Zorn, -(e)s anger
zornig angry
zu to; at
das Zuchthaus, -es, ⸗er penitentiary
zueinander to each other
zuerst at first, first of all
der Zufall, -(e)s, ⸗e coincidence, chance
zufrieden satisfied, content;
  sich zufrieden geben to be satisfied
der Zug, -es, ⸗e train; move
zu-geben (gibt zu), gab zu, zugegeben to admit
zugleich at the same time
zugunsten in favor of
der Zuhörer, -s, - listener
zu-jubeln to cheer
die Zukunft future
zunächst at first
das Zündnadelgewehr, -(e)s, -e needle gun
zunehmend increasing
zur = zu der
zurück-fahren (fährt zurück), fuhr zurück, ist zurückgefahren to drive back, ride back
zurück-geben (gibt zurück), gab zurück, zurückgegeben to give back
zurück-gewinnen, gewann zurück, zurückgewonnen to win back
zurück-kehren to return
zurück-rufen, rief zurück, zurückgerufen to call back
zurück-stehen, stand zurück, zurückgestanden to be inferior to; to stand back
zurück-stellen to sidetrack
zurück-treten (tritt zurück), trat zurück, ist zurückgetreten to resign
(sich) zurück-ziehen, zog zurück, zurückgezogen to withdraw
zu-rufen, rief zu, zugerufen to call to, shout at
zusammen-kommen, kam zusammen, ist zusammengekommen to come together, get together
zusammen-schließen, schloß zusammen, zusammengeschlossen to link together
der Zusammenstoß, -sses, ⸗ße conflict
zu-sehen (sieht zu), sah zu, zugesehen to look on
der Zuseher, -s, - spectator
der Zustand, -(e)s, ⸗e condition, state of affairs
zu-stimmen to consent, agree
zuviel too much
zuvor before, previously
der Zwang, -(e)s constraint
zwanzig twenty
zwar indeed, to be sure
der Zweck, -(e)s, -e purpose, object
zwei two
der Zweibund, -es dual alliance
der Zweifel, -s, - doubt
zweimal twice
zweiter second
zwischen between
der Zwischenfall, -(e)s, ⸗e incident
der Zwischenruf, -(e)s, -e interruption
die Zwistigkeit, -en quarrel
zwölf twelve
zynisch cynical